FACULTÉ DE DROIT DE RENNES

THÈSE
POUR LE DOCTORAT

SOUTENUE PAR

PIERRE PICHELIN, AVOCAT

DU SÉNATUS-CONSULTE VELLÉIEN

EN DROIT ROMAIN

DU DROIT DES FEMMES DANS LES FAILLITES

EN DROIT FRANÇAIS

NANTES

IMPRIMERIE VINCENT FOREST ET ÉMILE GRIMAUD

Place du Commerce, 4.

THÈSE

POUR LE DOCTORAT 4024

A MA GRAND-MÈRE

A MON PÈRE — A MA MÈRE

TÉMOIGNAGE DE TENDRE RESPECT

—

A M. ET A Mme JÉGOU D'HERBELINE

HOMMAGE DE FILIAL ATTACHEMENT

FACULTÉ DE DROIT

THÈSE POUR LE DOCTORAT

DROIT ROMAIN
DU SÉNATUS-CONSULTE VELLÉIEN

DROIT FRANÇAIS
DU DROIT DES FEMMES DANS LES FAILLITES

Cette thèse sera soutenue le Jeudi 21 mars 1872, à deux heures

PAR

M. PIERRE-MARIE-ÉMILE PICHELIN
Avocat près le Tribunal Civil de Nantes.

Examinateurs :
- MM. BODIN, *doyen,*
- HUE,
- EON, } *professeurs,*
- MARIE,
- GUÉRARD, } *professeurs agrégés.*

NANTES
IMPRIMERIE VINCENT FOREST ET ÉMILE GRIMAUD
PLACE DU COMMERCE, 4

DROIT ROMAIN

DU SÉNATUS-CONSULTE VELLÉIEN

Sentences de Paul, liv. II, tit. XI. — Digeste, liv. XVI, tit. I. —
Code de Justinien, liv. IV, tit. XXIX. — Novelle, 134, ch. VIII.

On sait que dans le vieux droit romain la femme
sui juris aussi bien que la femme *alieni juris*
voyait sa capacité juridique restreinte en des limites
fort étroites.

Tant qu'elle était soumise au pouvoir domes-
tique de son père de famille, à la *patria potestas,*
sa condition était la même que celle de toutes les
personnes qui composaient la *domus.* Elle était
alors enveloppée par la loi commune [1].

Mais lorsque, par suite de la mort du *pater
familias* ou de toute autre cause, la *domus* origi-
ginaire venait à se briser et à se diviser en autant
de *domus* distinctes et séparées que le père de

[1] Nous aurons à revenir plus loin sur cette question.

famille avait d'enfants, des différences juridiques commençaient à se produire entre les deux sexes. Tandis que l'homme devenu *sui juris* acquérait une capacité complète, la femme ne devenait indépendante, *sui juris,* que d'une manière à peu près nominale; elle trouvait dans ses agnats des tuteurs sévères et intéressés dont l'autorisation lui était nécessaire pour accomplir la plupart des actes de la vie civile.

Une autre condition pouvait être faite à la femme au sortir de la puissance paternelle. Il pouvait arriver qu'elle tombât sous la dépendance d'un mari; elle était alors *in manu mariti* et sa situation se rapprochait beaucoup de celle qu'elle avait eue sous la puissance paternelle.

Nous n'avons pas à retracer ici par quelle suite de conquêtes et d'empiétements détournés les femmes parvinrent à se débarrasser de la tutelle et de la *manus.* Cette dernière institution devint de moins en moins fréquente et elle cessa d'être le droit commun lorsque le régime dotal vint s'introduire dans la législation romaine. Quant à la tutelle, attaquée depuis longtemps par l'esprit public, affaiblie peu à peu par suite des faveurs accordées aux femmes, deux lois vinrent la détruire presque complétement. Ce fut d'abord la loi *Papia Poppœa* rendue sous Auguste, qui dispensa de la tutelle les femmes ingénues lorsqu'elles avaient trois enfants et les affranchies lorsqu'elles en avaient quatre. Puis ce fut la loi *Claudia* qui, sous le règne de Claude (an 46 de J.-C.), supprima la tutelle légitime des agnats (Gaïus, c. I, § 157.) Il ne restait plus dès lors aucune tutelle sérieuse autre que celles du père émancipateur et du patron, lesquelles mêmes disparurent complétement avant l'époque de Constantin.

Toutefois les femmes débarrassées de la tutelle et de la *manus* demeurèrent frappées, tant dans l'ordre civil que dans l'ordre politique, d'un grand nombre d'incapacités.

C'est ainsi qu'elles continuèrent à ne pouvoir remplir aucune charge publique, *officia virilia* ou *civilia*. (L. 2, *de reg. juris*, D. 50, 17). Conséquemment aucun des droits compris sous cette expression générique ne put jamais être exercé par elles. Ainsi elles ne purent prétendre :

A la puissance paternelle, à la tutelle ni à la curatelle (Dig. *de tutelis*. L.L. 16 et 18.);

A l'exercice d'aucune magistrature, à la faculté de se porter accusatrices, si ce n'est dans certains cas exceptionnels. (Dig. *de Procurat*, L. 8, Pr.) etc., etc.

De même elles demeurèrent longtemps frappées de l'incapacité de tester et de celle de succéder *ab intestat*, même à leurs enfants; elles continuèrent à ne pouvoir être témoins dans une mancipation (G., c. I. § 119), dans un testament. L'adrogation des femmes demeura également interdite.

Enfin elles restèrent frappées de l'incapacité d'intervenir en justice pour des tiers ou de les représenter en qualité de *procuratores* (Inst. 4, 13, § 11), et, en général, d'intercéder pour autrui.

Ce fut cette incapacité d'intercéder pour autrui qui exerça sur la condition de la femme l'influence la plus marquée. Plusieurs dispositions législatives vinrent la sanctionner et parmi elles se place, au premier rang, le sénatus-consulte Velléien qui va faire l'objet principal de ce travail.

CHAPITRE PREMIER.

DU SÉNATUS-CONSULTE VELLÉIEN, SA DATE, SON TEXTE, SES MOTIFS.

Les premiers monuments législatifs qui, à notre connaissance, se soient occupés de l'*intercessio* des femmes, datent d'Auguste et de Claude, précisément des mêmes empereurs qui portèrent à la tutelle des femmes pubères des coups si décisifs. Ils rendirent l'un et l'autre des édits par lesquels ils défendaient aux femmes d'intervenir pour leurs maris (D. L. 2, Pr., *h. t.*)

Bien qu'ils ne parlassent que de ce genre d'*intercessio*, il est probable qu'ils ne faisaient qu'étendre à ce cas particulier une règle déjà admise par la coutume, car nous trouvons au Digeste un texte d'Ulpien tiré de son commentaire sur Sabinus où cette incapacité est mentionnée : « *Feminæ ab omnibus officiis civilibus vel publicis remotæ sunt et ideo nec judices esse possunt, nec magistratum gerere, nec postulare, nec pro alio intervenire, nec procuratores exsistere* » (Dig. *de regulis juris.* L. 2). Si l'on songe que Sabinus était contemporain d'Auguste et que son texte semble bien parler d'une prohibition générale d'intercéder, on verra que les édits d'Auguste et de Claude n'apportaient point une innovation dans la condition de la femme.

Quoi qu'il en soit, ces édits furent probablement mal compris par certains jurisconsultes qui conclurent de la spécialité de leurs termes que les femmes demeuraient libres d'intercéder pour autrui. Ce fut pour mettre un terme à cette fausse interprétation que fut rendu le sénatus-consulte Velléien dont voici le texte :

Quod Marcus Silanus et Velleius Tutor consules verba fecerunt de obligationibus feminarum quæ pro aliis reæ fierint, quid de eâ re fieri oporteret, de eâ re ita consuluerunt : quod ad fidejussiones et mutui dationes pro aliis, quibus intercesserint feminæ, pertinet, tametsi ante videtur ita jus dictum esse, ne eo nomine ob his petitio, neve in eas actio detur, cum eas virilibus officiis fungi, et ejus generis obligationibus obstringi non sit æquum, arbitrari senatum recte atque ordine facturos, ad quos de eâ re in jure aditum erit, si dederint operam ut in eâ re senatus voluntas servetur.

Attendu que Marcus Silanus et Velleius Tutor ont développé au sujet des obligations des femmes qui se constitueraient débitrices pour d'autres, un projet réglant ce qu'il faut décider à cet égard, le sénat, après délibération, a statué ainsi qu'il suit : En ce qui concerne les fidéjussions et les emprunts pour d'autres au moyen desquels les femmes auraient intercédé, quoique l'on ait bien souvent déjà jugé qu'aucune action réelle ni personnelle ne devait être donnée contre elles à raison de tels contrats, comme il n'est pas dans l'ordre que les femmes remplissent des charges viriles ni qu'elles soient liées par de semblables obligations, le sénat pense que les magistrats feront sagement de veiller à ce que sur ce point sa volonté soit observée.

Ce texte vient à l'appui de ce que nous disions tout à l'heure; il suffit de lire ce membre de phrase : *tametsi ante videtur ita jus dictum esse*, pour être convaincu que le sénat ne venait pas, par cette décision, apporter une innovation législative, mais confirmer une jurisprudence déjà établie quoique vacillante encore.

On n'est pas absolument fixé sur la date qu'il faut assigner au sénatus-consulte Velléien. Cependant bien des circonstances font supposer qu'il est du temps de l'empereur Claude. C'est ainsi d'abord qu'il résulte des lois 2 et 16 § 1 de notre titre que cette date doit se placer entre l'avénement de Claude et la mort de Vespasien; puis les consuls Marcus Julius Silanus et Velleius Rufus désignés dans les fastes consulaires pour l'année 46, sous le règne de Claude, paraissent bien être les mêmes que le Marcus Silanus et le Velleius Tutor qui, suivant le texte que nous venons de citer, portèrent et défendirent le projet devant le sénat.

Il est fort difficile de se rendre un compte exact des motifs qui ont inspiré le sénatus-consulte Velléien; aussi voyons-nous que sur ce point deux systèmes ont partagé les commentateurs du droit romain. Les uns ont considéré que le sénat n'avait eu en vue que des motifs purement politiques, qu'il avait voulu maintenir les anciennes traditiòhs qui écartaient les femmes de tout *office public*. D'autres, au contraire, ont pensé qu'il avait eu surtout en vue de protéger la femme contre les entraînements qu'apporte avec lui le droit de s'obliger pour autrui, entraînements d'autant plus à craindre que l'obligation pour autrui semble au premier abord présenter moins de dangers que l'obligation directe.

Il nous semble que la seconde de ces raisons a certainement influé sur l'esprit des auteurs du sénatus-consulte ; c'est là ce qui ressort des expressions employées à différentes reprises par Ulpien dans les §§ 2 et 3 de la loi 2 D. *h. t.* : « *Opem tulit mulieribus propter sexûs imbecillitatem... Deceptis mulieribus opitulatur..... Infirmitas fœminarum auxilium meruit.* » Et la différence établie entre les *intercessiones* et tous les autres genres d'obligations montre assez qu'on s'était préoccupé de défendre aux femmes les obligations dont la nature leur faisait courir le plus de danger.

Cependant nous croyons que les motifs d'ordre public avaient principalement préoccupé le Sénat ; c'est là ce qui résulte clairement de textes très-nombreux ; d'abord des termes du sénatus-consulte lui-même : « *Cum eas virilibus officiis fungi, et ejus generis obligationibus obstringi non sit æquum ;* » puis de la loi 2 de *Regulis juris* que nous avons citée plus haut ; de la loi **1**, § 5, *de postulando* qui s'exprime ainsi : « *Ne contra pudicitiam sexui congruentem alienis causis se immisceant : ne virilibus officiis fungantur mulieres* » et de bien d'autres encore [1]. On avait considéré que tant que la femme ne faisait que s'occuper de ses propres affaires, la nécessité de ces actes les rendant excusables, il fallait laisser à la femme la capacité de les accomplir ; mais quand elle s'immisçait dans les affaires d'autrui, on voyait dans ces agissements quelque chose de contraire à la retenue commandée à son sexe que rien ne justifiait et qu'il fallait absolument proscrire.

Le sénatus-consulte Velléien vint atteindre toutes les femmes sans exception, quelle que fût leur position de naissance ou de fortune : il ne faisait entre elles aucune distinction : *Fœminis omnibus subventum est,* SINE DISCRIMINE, dit Ulpien, L. 2. »

Il suffit qu'une femme ait la capacité générale de s'obliger, qu'elle en ait la jouissance et l'exercice comme la femme débarrassée de la tutelle, ou qu'elle n'en ait que la jouissance comme celle qui est encore sous le pouvoir d'un tuteur, pour qu'elle soit atteinte par la disposition du sénatus-consulte. Seules les femmes impubères, qui sont soumises à la *patria protestas,* sont frappées de

---

[1] D. L. 1, § 1, D. *h. t.* — L. 12, § 2, *de Judiciis;* C. L. 21 *de Procurat,* et L. 6 *de Arbitr. recept.*

l'incapacité absolue de s'obliger, et sont soustraites à son empire par suite d'une disposition plus rigoureuse encore [1]. Certains auteurs voudraient ranger dans cette dernière catégorie les femmes pubères qui sont soumises à la *manus* ou à la puissance paternelle. C'est, en effet, une question depuis longtemps controversée que celle de savoir si la *filia familias* est frappée de l'incapacité de s'obliger. En admettant même l'opinion la plus rigoureuse, celle qui refuse à la *filia familias* ce droit de s'obliger, il faut autant du moins admettre que, si elle est privée de l'exercice de son droit, du moins elle en conserve la jouissance, comme la femme pubère en tutelle, c'est-à-dire qu'elle peut s'obligér avec le concours du *pater familias;* ce serait assez déjà pour qu'elle fût atteinte par le sénatus-consulte Velléien, qui aurait, à son égard, l'effet de la priver du droit d'intervenir pour autrui, même avec le consentement de son père de famille; mais, si l'on va plus loin, et si l'on reconnaît avec M. de Savigny [2], M. Demangeat [3] et notre savant professeur M. Bodin [4] que la *filia familias* est tout aussi capable de s'obliger que le fils de famille, le sénatus-consulte

---

[1] *Inst. Just.,* III, XIX, § 10.

[2] *Traité de Droit romain,* t. II, App. 5.

[3] *Cours de Droit romain* sur le § 6, titre *de inutilibus stipulat.*

[4] M. Bodin, à son cours, admet l'opinion de M. de Savigny, mais avec un tempérament. — V. encore M. P. Gide, *Étude sur la condit. privée de la femme,* p. 113 et suiv.

Velléien acquiert à son égard une portée plus grande encore et qu'il est, suivant nous, destiné à occuper [1].

CHAPITRE II.

DE L'INTERCESSION.

Le sénatus-consulte Velléien interdit aux femmes d'une manière absolue d'intervenir pour autrui : *Velleiano senatus-consulto comprehensum est, ne pro ullo feminæ intercederent* (L. I, Pr., *h. t.*).

Quelle est donc cette opération juridique prohibée par le Sénat, et que, faute d'une expression française équivalente, on traduit littéralement par l'expression technique *intercession?* C'est là ce qu'il importe de préciser. — *Lato sensu,* il y a *intercessio* chaque fois qu'un tiers vient se placer entre un créancier et un débiteur, soit pour devenir créancier lui-même, soit pour devenir débiteur. Envisagée au point de vue actif, l'*intercessio* prend le nom d'*adstipulatio.* (*Gaii,* C. III, §§ 110 à 114, 117, 215, 216.) Envisagée au point de vue passif, elle peut revêtir des formes très-diverses, par exemple la forme de l'*adpromissio.*

Stricto sensu, on n'entend par *intercessio* que l'opération au point de vue passif. C'est le sens dans lequel on l'entend d'ordinaire ; c'est aussi

[1] F. V., § 99. — Dig. *Commod.* L. 3, § 4. — Dig., *Ad. snc. Maced.,* L. 9, § 2.

le sens visé par le sénatus-consulte Velléien et conséquemment le seul que nous ayons à examiner ici. Ainsi entendue, l'*intercessio* peut se définir :

L'acte par lequel une personne, sans y trouver son intérêt personnel et sans vouloir d'ailleurs faire une donation, s'immisce dans les relations de deux autres personnes et engage envers l'une d'elles sa personne ou ses biens conjointement avec l'autre ou à sa place, soit qu'il y ait ou non entre ces deux personnes une obligation préexistante.

Tel est l'acte que le sénatus-consulte Velléien défend aux femmes d'accomplir ; il faut que tous ces éléments se trouvent réunis pour qu'il y ait intercession prohibée.

Or, la présence de l'*intercessio* est souvent difficile à découvrir et à préciser. Pour y arriver, les jurisconsultes romains ont déployé tout l'art délié de leur esprit juridique. Procédant, comme à l'ordinaire, par voie d'analyse, et appliquant à chaque espèce cette méthode qu'ils manient avec tant d'habileté, ils sont arrivés, dans les solutions de jurisprudence très-nombreuses que le Digeste et le Code de Justinien nous ont conservées, à préciser de la manière la plus nette les conditions dans lesquelles se produit l'*intercessio*. Nous allons après eux, quoique d'une manière plus synthétique, chercher à déterminer les différents caractères de cette opération juridique. Ou plutôt, employant tout à la fois l'analyse et la synthèse, et suivant une méthode qui participe à la fois de leur système et du système actuel d'étudier le droit, nous allons prendre un à un chacun des éléments qui constituent notre définition, et nous rapporterons à chacun d'eux un certain nombre d'exemples qui viendront en déterminer la portée. Cela nous permettra en même temps d'étudier de plus près le procédé mis en usage par les jurisconsultes romains.

Nous diviserons donc l'étude que nous allons faire de l'*intercessio* en six sections, où nous examinerons séparément chacun des éléments qui la constituent, bien que dans un ordre un peu différent de celui qui, au premier abord, semblerait être indiqué par notre définition.

SECTION PREMIÈRE.

L'intercessor s'immisce dans les relations de deux personnes.

C'est le propre de l'*intercessio* de consister dans l'intervention d'une personne en faveur d'une seconde auprès d'une troisième envers qui elle s'oblige ou oblige ses biens. L'*intercessor* doit être *inter duos veluti medius quidam.* Il faut donc toujours rechercher avec soin dans l'opération où l'on croit découvrir la présence de l'*intercessio,* s'il y a une obligation contractée envers un créancier au profit de son débiteur ou de celui qui va le devenir. — Quelques exemples rendront cette idée plus sensible.

a) Un tuteur, craignant de ne pas avoir contre son pupille un recours suffisamment sûr pour les avances qu'il lui a faites au cours de sa gestion, veut faire immédiatement liquider ses droits et se retirer de la tutelle. La mère du pupille intervient alors et garantit au tuteur l'efficacité de son recours. Il y a là une *intercessio* véritable, qui, par conséquent, est atteinte par le sénatus-consulte Velléien. (C. L. 6. § 1. *h. t*).

b) Nous venons de voir la femme intervenant pour garantir l'action *tutelæ contraria*; voyons là maintenant dans l'hypothèse inverse s'obligeant envers le pupille pour sûreté de son action *tutelæ directa*. C'est cette hypothèse qu'indique le § 2 de la loi précitée : Une mère vient demander au magistrat de donner à son fils tel ou tel tuteur de la gestion duquel elle répond. Il y a un créancier : le pupille, un débiteur ou une personne qui va le devenir : à savoir le tuteur; donc *intercessio* [1].

Dans ces deux exemples nous voyons la femme s'obliger pour quelqu'un, mais ce qui est essentiel

---

[1] Telles sont les deux hypothèses qui sont avec tant de précision résumées par Cujas, lorsqu'il dit : « *Intercedit mulier, si nomine ejus quod pupillus debiturus est tutori, tutori indemnitatem promiserit; item intercedit si nomine ejus quod tutor debiturus est pupillo, pupillo indemnitatem promiserit.* » RECIT. AD, fr. 8, § 1. *h. t*; t. IV, col. 245, éd. Fabrot.

aussi, nous la voyons s'obliger envers une autre personne. Si cette seconde circonstance ne se trouve pas en même temps que la première, il n'y a point de sa part *intercessio*, et conséquemment son acte demeure valable. C'est ce que nous voyons au § 1. L. 8 de notre titre du Digeste.

Un tuteur allait mettre en vente les biens de son pupille sujets sans doute à dépérissement ; la mère du pupille, désirant que ces biens fussent conservés, est venue prier le tuteur de ne les point vendre, en lui promettant de l'indemniser si plus tard il était poursuivi comme ayant mal géré. Cet acte constitue-t-il une *intercessio ?* Nullement, car elle ne s'est pas immiscée dans des relations de débiteur à créancier pour s'obliger envers ce dernier ; ces relations n'existaient pas, car c'est une obligation qu'elle seule a créée. Elle s'est obligée envers le tuteur et pour le tuteur : « *nullam enim obligationem alienam recepisse,* dit Ulpien en rapportant une décision de Papinien, *neque veterem, neque novam, sed ipsam fecisse hanc obligationem* » [1].

SECTION II.

L'intercessor oblige à l'acquittement d'une dette sa personne ou ses biens.

Il y a *intercessio*, soit que : 1° l'on s'oblige *personnellement* pour autrui à l'acquittemeut d'une

______

[1] C. D. L. 19. pr. et §§ 2, 4, *h. t.* — Cujas, résumant toujours cette doctrine, ajoute à ce qui vient d'être cité tout à l'heure :

dette; soit que, 2° l'on affecte ses biens d'un droit *réel* pour garantir de cette même dette.

De là deux sortes d'*intercessiones* dont on peut prendre si l'on veut pour types, la fidéjussion pour l'*intercessio* personnelle et l'hypothèque pour l'*intercessio* réelle. Dans l'un et l'autre cas, il y a *intercessio* dans le sens du Velléien et la femme qui se porte *fidejussor*, aussi bien que celle qui confère sur ses biens une hypothèque pour sûreté de la dette d'autrui, voit son acte annulé par la disposition du sénatus-consulte.

Nous n'avons donc pas à insister sur ce point qui ne présente aucune difficulté, mais ce qu'il importe de préciser c'est le sens et la portée qu'il faut donner à ces mots : l'*intercessor oblige* sa personne ou son bien. Car c'est là que réside l'un des éléments les plus caractéristiques de l'*intercessio*, celui qui donne à l'*intercessio* sa physionomie toute spéciale.

L'*intercessor* s'oblige et ne donne pas; il se soumet à l'éventualité d'un appauvrissement ultérieur, mais non pas à un appauvrissement actuel et certain. Il ignore les suites de l'engagement qu'il contracte; il s'oblige, cela est vrai, mais il peut supposer que le débiteur originaire paiera, et que, par conséquent, lui sera relevé de son engagement

« *At contrà : Si nomine ejus quod pupillus debet tutori, ipsi pupillo mulier caverit, vel si nomine ejus quod tutor debet pupillo, ipsi tutori mulier caverit; mulier non intercedit,* SED IPSA FACIT OBLIGATIONEM. »

ou qué s'il paie en son lieu et place, du moins il aura contre ce débiteur un recours qui l'indemnisera de ses avances.

Ces quelques mots nous font bien comprendre pourquoi le sénat romain dans la mesure où il avait pris en considération l'intérêt de la femme, lui avait interdit l'*intercessio*, tandis qu'il lui laissait, ainsi qu'on l'a vu plus haut, tous les autres droits, celui de payer, de déléguer, de renoncer à un privilége ou à tout autre de droit, et même celui de donner. C'est que le législateur voulait défendre la femme contre les dangers auxquels il la croyait le plus exposée ; il avait pensé avec raison que l'idée d'un sacrifice éventuel arrêtait beaucoup moins la femme lorsqu'il s'agissait de rendre un service que la pensée d'un appauvrissement certain, et qu'il fallait la défendre contre ces entraînements « *facilius se obligat mulier quam alicui donat* [1]. » Et cette raison qui avait inspiré le sénat était la même qui avait guidé Auguste lorsque par la loi Julia il avait permis au mari d'aliéner le fonds dotal avec le consentement de sa femme, mais non de l'hypothéquer même avec ce consentement. (Inst. liv. III. t. VIII. pr.)

Il importe donc de distinguer avec soin, lorsque l'on examine un acte qui présente l'apparence de l'*intercessio*, s'il y a véritablement *obligation* contractée par la femme, obligation personnelle ou

[1] LL. 4, § 1, 5, 8 § 5. *h. t.*

obligation réelle, ou bien s'il n'y a pas plutôt aliénation actuelle, car dans ce cas il n'y a pas *intercessio* et l'acte n'est pas atteint par le sénatus-consulte.

Ainsi rien ne s'oppose à ce que la femme, qui ne peut consentir un gage pour garantir une dette d'autrui, abandonne au contraire son hypothèque, même au profit d'un tiers. La loi 8, pr. de notre titre du Digeste ne distingue pas; c'est qu'alors elle ne s'oblige ni personnellement, ni réellement, et par conséquent elle n'intercède pas.

Cette règle est très-simple, mais son application peut quelquefois n'être pas sans difficulté. Ainsi que faut-il décider dans l'espèce prévue par la loi 17, § 1, *h. t.* D? Une femme a deux créances contre son mari : l'une pour restitution de sa dot, l'autre pour des avances qu'elle lui a faites. Toutes deux sont garanties par une hypothèque sur les biens de son mari. La première de ses créances a été liquidée, par exemple à la suite d'un divorce, et l'on peut supposer que la femme a été mise en possession de l'immeuble qui lui était hypothéqué. Le mari ayant plus tard besoin d'argent trouve un prêteur qui demande une garantie et la femme consent à lui abandonner l'immeuble qu'elle tient en gage, moyennant qu'il lui fasse rembourser sa créance dotale, ce qui a lieu en effet. Du reste, elle ne parle pas de sa seconde créance. Plus tard, relevant le droit qu'elle avait en vertu de cette seconde créance, elle intente contre le créancier possesseur du gage l'action quasi servienne. Le créancier se défend en disant que c'est avec son consentement que le bien lui a été hypothéqué et fait insérer cette exception dans la formule : « *Si non voluntate ejus pignus datum esset.* » A cette exception la femme réplique en se basant sur le sénatus-consulte Velléien.

Le jurisconsulte se demande si cette réplique est bien fondée, c'est-à-dire si l'acte de la femme a constitué une *intercessio*; et il répond affirmativement, ou plutôt décidant d'abord en fait, suivant son habitude, il répond que dans l'espèce, la femme n'a pas droit à la réplique parce que de sa part il y a eu dol à ne point parler de sa seconde créance [1], mais que si le créancier l'eût connue, la réplique serait valablement opposée parce que l'acte de la femme constituait une *intercessio*.

Or, cette décision d'Africain est parfaitement conforme au principe. La femme aurait pu, nous l'avons dit, renoncer au profit du prêteur, à tout son droit hypothécaire, et au premier abord on n'aperçoit pas bien quelle différence il y a entre la renonciation à l'hypothèque, laquelle serait valablement faite par la femme, et la renonciation *au rang* de son hypothèque qui lui est au contraire interdite. Mais, en réalité, ces deux actes sont bien distincts.

---

[1] Eis subvenit (senatus-consultum) si non callide sint versatæ. D. L. 2, § 3.

L'un constitue un abandon de droit et l'œil le moins exercé peut en mesurer immédiatement les conséquences dangereuses. L'autre au contraire est seulement une *obligation* du droit dont les dangers, parce qu'ils sont moins évidents, sont aussi plus à craindre. La femme conserve toujours son droit réel sur l'immeuble ; seulement elle l'affecte à la garantie de la dette de son mari. C'est bien là le caractère de l'*intercessio*. « *Passa est*, dit Pothier, *ut alteri obligaretur res jam sibi pignori nexa : ideoque est intercessio* [1].

Ce que nous avons dit de la renonciation à l'hypothèque en faveur d'un tiers, nous pourrions le dire du paiement en faveur d'un tiers ou de l'acte par laquelle la femme déléguerait au créancier d'un autre son propre débiteur, ce qui équivaut à un paiement. C'est ce que dit en termes formels le jurisconsulte Gaius à la loi 5 de notre titre : « *Si vendiderit rem suam, sive pretium acceptum pro alio solvit, sive emptorem delegavit creditori alieno, non puto senatus-consulto locum esse* [2]. » Alors, en effet, la femme s'appauvrit au profit d'un tiers, mais ne contracte pas d'obligation. Dans ce cas il faut que le délégué soit bien réellement débiteur de la femme et qu'il n'ait point

---

[1] Poth. *ad pand.* t. i, p. 443, *ad leg.* 17. § i, *h. t.*

[2] *Nec obstat*, la loi 32, § 2. Pour l'expliquer, il suffit de supposer que la femme a agi en vertu d'une obligation préexistante constituant une *intercessio*.

en conséquence de recours à exercer contre elle à raison de la délégation ; autrement il y aurait là un moyen d'éluder la disposition du sénatus-consulte, la femme demeurant en réalité obligée à la dette d'un autre par suite de son intervention [1].

SECTION III.

L'intercessor s'oblige, soit conjointement à une autre, soit à la place d'un autre.

C'est ici le lieu d'étudier sous quelles formes diverses peut se présenter l'*intercessio*. Nous classerons ces différentes formes en deux catégories, suivant la situation juridique qui est faite à l'*intercessor* : ou bien le débiteur primitif étant libéré, il demeure tout seul exposé aux poursuites du créancier et alors l'*intercessio* est dite *privative ;* ou bien l'*intercessor* vient seulement partager avec le débiteur la charge des poursuites, alors l'*intercessio* est dite *cumulative.* Cette dernière se subdivise encore en cumulative *principale* ou *accessoire,* suivant que l'*intercessor* peut être poursuivi comme le débiteur principal lui-même, ou qu'il n'est tenu que subsidiairement et sauf discussion préalable de ce débiteur. Cette classification empruntée à la science allemande n'a pas par elle-même un

[1] D. L.L. 8 §§ 4, 6 et 29, § 1, *h. t.*

grand intérêt ; nous l'adoptons néanmoins parce qu'elle nous permettra de mettre un peu d'ordre dans le travail auquel nous allons nous livrer.

I. *Intercession cumulative.* — Sous ce titre nous rangerons : *l'Adpromissio,* le *Mandatum pecuniæ credendæ,* le pacte de constitut fait sans intention de libérer le *reus,* la constitution d'un droit réel accessoire *pro alio,* et dans certains cas, l'obligation résultant de la réponse faite à une *interrogatio in jure.*

1° de l'*Adpromissio.* — L'*Adpromissio* est l'acte de celui qui s'oblige *verbis* accessoirement à un obligé principal dont il garantit la dette. Les juriconsultes classiques reconnaissaient trois sortes d'*adpromissores* : le *sponsor,* le *fidepromissor* et le *fidejussor.* On distingue ces trois sortes d'*adpromissores* aux termes ou plutôt aux verbes qui avaient été employés par les parties dans la formule de la stipulation [1]. Sous quelque forme que se présente l'*adpromissio,* elle constitue une *intercessio cumulative,* c'est-à-dire que malgré l'accession au contrat d'un nouveau débiteur, le créancier reste le maître de poursuivre encore le débiteur originaire. Cependant il est juste de faire remarquer que, lorsque le créancier a fait *litis contestatio* avec le débiteur accessoire, la novation judiciaire qui en résulte,

[1] Gaii, Comm. III, §§ 115 à 118.

a pour effet de fixer exclusivement l'action sur la tête de ce dernier [1], en sorte que l'*intercessio*, changeant de caractère, devient en quelque sorte privative, de cumulative qu'elle était d'abord[2].

L'*adpromissio* qui, à son début au moins, est une *intercessio* cumulative, est de plus *principale*, c'est-à-dire que l'*adpromissor* peut être poursuivi sans discussion préalable du débiteur primitif. (D. *Mand.*, L. 56, Pr.) Cependant elle peut se transformer en une *intercessio* accessoire si le fidé-jusseur n'est qu'un *fidejussor indemnitatis*, s'il n'a promis au créancier que *quanto minus a debitore consequi poterit*[3]. De plus elle dépouilla complétement ce caractère d'*intercessio* principale lorsque Justinien par les Novelles 4 et 136 eut accordé à tous les fidéjusseurs, à l'imitation, dit-il, de ce qui se passait dans le très-ancien droit, le bénéfice de discussion.

2° Du *Mandatum pecuniæ credendæ*. Lorsqu'on donne mandat à quelqu'un de prêter de l'argent à un tiers, on se soumet à l'action *mandati contraria* de la part du prêteur ; il y a donc là une intervention qui incontestablement constitue l'*intercessio*. C'est une *intercessio* cumulative et qui

---

[1] Paul, Sent. 11 , 17 , § 16.

[2] Sous Justinien la *fidejussio* est devenue la seule forme de l'*adpromissio* et l'effet novatoire dont nous venons de parler n'est plus attaché à la *litis contestatio*. Cod. Just., De fidejuss., L 28.

[3] D., *de verb. oblig.*, L. 116.

reste telle, même après la *litis contestatio*, faite avec l'emprunteur, parce que l'action *mandati contraria* n'en subsiste pas moins. C'est de plus une *intercessio* principale au même titre que l'*adpromissio* dont elle a suivi les vicissitudes.

3° Du *Pacte de Constitut*. C'est un pacte prétorien par lequel une personne s'engage à payer à jour fixe une dette préexistante. On sait que ce pacte peut, suivant l'intention des parties, revêtir deux formes absolument distinctes : ou bien le tiers intervenant veut seulement donner une garantie de plus au créancier, et alors le constitut est l'analogue de l'*adpromissio* dans le droit prétorien. Il peut alors se classer parmi les *intercessiones* cumulatives; ou bien les parties ont eu l'intention de libérer le débiteur primitif qui peut alors se défendre contre l'action qui lui serait intentée par l'exception *pecuniæ constitutæ*, le constitut est alors un pacte extinctif analogue à l'*expromissio* et qui se range parmi les *intercessiones* privatives.

La Novelle 4 qui accorde le bénéfice de discussion aux fidéjusseurs et aux *mandatores pecuniæ credendæ* l'accorde aussi à celui qui a fait le pacte de constitut sans avoir l'intention de libérer autrui. Et ainsi le pacte de constitut, considéré comme *intercessio* cumulative, se range, depuis Justinien, au nombre des *intercessiones* accessoires. Toutefois la Novelle 136, C. I, retira le bénéfice de dis-

cussion au constituant *pro alio* lorsqu'il s'est engagé envers un *argentarius*.

4° Il y a encore *intercessio* dans le fait de la constitution d'un droit réel accessoire *pro alio*. Les lois
8, pr. D., et 4, C. *h. t.*, ne laissent aucun doute à
cet égard, et elles disent en même temps que ce
genre d'*intercessio* comme tous les autres est défendu à la femme par le sénatus-consulte Velléien.
Nous avons cité plus haut une loi d'où cette prohibition résulte très-clairement. C'est évidemment
une *intercessio* cumulative. Est-ce de plus une
intercessio accessoire, c'est-à-dire, l'auteur de cette
intercessio peut-il toujours forcer le créancier à
discuter le débiteur principal avant de recourir
contre lui? Nous ne trouvons aucun texte sur
cette question. Mais la Novelle 4 qui a organisé le
bénéfice de discussion en général restant muet
sur le point qui nous occupe, nous pensons qu'il
faut répondre négativement.

5° Il y a encore *intercessio* lorsqu'un tiers
vient répondre *pro alio* à une *interrogatio in jure*;
il se trouve lié par son aveu à l'acquittement
d'obligations étrangères: *confessus in jure pro judi-
cato habetur*. Cette obligation nouvelle ne libère
pas le véritable débiteur, mais elle peut être poursuivie en même temps que la première, et ainsi
cette *intercessio* est du nombre des cumulatives
principales.

Elle est du reste aussi bien que tous les autres genres d'*intercessiones* interdite à la femme; les lois 23 et 26 de notre titre du Digeste nous en fournissent des exemples.

Dans la loi 23, le jurisconsulte Paul suppose qu'un créancier veut intenter contre une femme qu'il croit héritière une action qu'il avait contre le défunt. Interrogée *in jure* sur sa qualité d'héritière, la femme qui croit y avoir droit répond affirmativement. Plus tard, reconnaissant qu'elle s'est trompée, elle invoque son incapacité d'intercéder et le préteur lui donne l'exception du sénatus-consulte Velléien; mais le jurisconsulte fait remarquer que si elle avait, en répondant affirmativement, su qu'elle n'était pas héritière, il y aurait eu de sa part un dol qui l'eût privé du bénéfice du sénatus-consulte. En fait, la justesse de cette décision peut être contestée, mais le principe sur lequel elle se fonde n'en est pas moins clair.

Autre exemple : (L. 26.) Un délit a été commis par un esclave. Celui qui en a été victime s'adresse à une femme qu'il croit possesseur de cet esclave, et lui adresse l'*interrogatio in jure* préliminaire indispensable de l'action noxale. Celle-ci, dans le but de détourner les poursuites du véritable débiteur, *intercedendi animo*, répond affirmativement. Elle aura, dit Ulpien, le droit d'invoquer le sénatus-consulte; mais, ajoute-t-il, il en serait autrement si l'esclave eût été par elle possédé de bonne foi ; alors, en effet, elle ne s'est pas obligée *pro alio*, car c'est le possesseur de la *noxa* [1] qui est tenu des fautes qu'elle a commises.

II. *Intercession privative.* — Il y a *intercessio* privative chaque fois qu'un tiers vient prendre à la place d'un autre la condition de débiteur dans un contrat. Il faut ranger dans cette catégorie :

I° *L'expromissio* entendue dans son sens le plus large, c'est-à-dire dans le sens de novation par changement de débiteur. Elle peut alors se définir : l'acte par lequel le créancier décharge son débiteur et en accepte un autre en sa place, *l'expromittens* : *l'expromissio* prise *lato sensu* comprend :

1° Le cas où le tiers vient de lui-même prendre au contrat la place du premier débiteur. C'est là proprement ce qu'on appelle *l'expromissio.*

L'expromissor a son recours contre le débiteur originaire au moyen de l'action *negotiorum gestorum contraria.*

2° La délégation, c'est-à-dire l'opération par laquelle le débiteur originaire donne mandat à l'intercédant de s'obliger pour lui, ce qui se fait soit par une stipulation, soit au moyen

[1] *Noxa est corpus quod nocuit.* Inst. Just., L. IV, t. VIII, § 1.

de la *litis contestatio.* (Mandat *in rem suam.*) (D. *de Novat.* L. XI.) Le délégué a son recours contre le déléguant au moyen de l'action *mandati contraria.*

La délégation, avons-nous dit, doit être rangée en général parmi les *intercessiones* privatives. Cependant elle perd ce caractère et devient une *intercessio* privative principale, si le débiteur a donné mandat au créancier de stipuler du délégué : *Si mandet ut ipsius periculo stipuleris ab eo quem tibi deleget in eò quod tibi debuèrat.* [1]

Il y a *intercessio* lorsque ces conditions se trouvent réalisées. Mais certaines circonstances peuvent faire perdre à cet acte la qualité d'*intercessio* prohibée par le sénatus-consulte Velléien. Par exemple, si la femme déléguée est la débitrice du déléguant, son acte demeurera valable. Nous aurons en étudiant ces circonstances à revenir sur la délégation.

3° La *defensio pro alio,* c'est l'intervention en justice d'une personne qui prend comme défendeur le rôle du véritable débiteur et court ainsi les chances de la condamnation ; une fois la *litis contestatio* prononcée, une nouvelle obligation prend naissance uniquement à la charge de l'intervenant. (D. *de solut.,* L. 23.) Lorsqu'une femme vient jouer le rôle de *defensor* à l'action en justice, cet acte constituant une *intercessio* est évi-

---

[1] *Inst. Just.* L. III, t. XXVI, § 2.

demment atteint par le sénatus-consulte. (D. L. 2,
§ 5, *h. t.*)

4° *Compromis fait par la femme au nom d'un
autre.* Un différend s'est élevé entre deux personnes ; une troisième intervient et signe avec l'une
des parties un compromis par lequel elle s'engage
à soumettre le différend à un arbitre et à exécuter
la sentence qu'il rendra. Il y a là *intercessio* car
l'intervenant s'oblige au lieu et place de l'une des
parties. Si c'est une femme elle ne sera pas tenue
de payer la somme à laquelle l'arbitre l'aura condamnée : « *Si mulier alieno nomine compromittat,
non erit pœna compromissa propter intercessionem,* »
dit le jurisconsulte Paul. [1]

5° *Pacte de Constitut pro alio.* Lorsque ce pacte est l'analogue de l'*expromissio,* ainsi que nous
l'avons dit ci-dessus, il doit être considéré comme
une *intercessio* privative.

SECTION IV.

*L'intercessio ne suppose pas nécessairement une obli-
gation préexistante.*

Dans la plupart des cas l'*intercessor* vient prendre à sa charge une obligation préexistante. C'est
ce que nous avons vu en étudiant l'*adpromissio,* le

[1] D. *de Recept.* L. 32, § 2.

constitut, l'*expromissio, etc.,* considérés comme des formes variées de l'*intercessio.* Mais la préexistence d'une obligation n'est pas un des éléments essentiels de l'*intercessio;* ce qu'il faut, c'est qu'il y ait entre les deux personnes entre qui vient se placer l'*intercessor* des relations préexistantes, mais il n'est pas nécessaire que ce soit des rapports de créancier à débiteur; de simples pourparlers suffisent pour que ces relations existent.

C'est là ce qu'indique implicitement le texte du sénatus-consulte lorsqu'il parle des *mutui dationes pro aliis,* comme pouvant ausssi bien que les *fidejussiones* elles-mêmes contenir une *intercessio.*

Ici l'expression de *mutui datio* est prise dans son sens passif; on envisage le prêt du côté de l'emprunteur. Il y a *mutui datio pro alio,* lorsque l'on emprunte pour communiquer à une autre personne le bénéfice de cet emprunt. Dans ce cas l'emprunteur demeure obligé à la restitution d'une somme qui passe aux mains d'un autre, lequel aurait dû lui-même s'obliger si l'emprunteur n'était intervenu. Donc, cet acte constitue une *intercessio,* bien qu'il n'ait point eu pour but une obligation préexistante. Ulpien (**L. 8 § 14** *h. t.*) nous décrit le mécanisme de l'*intercessio* résultant de la *mutui datio pro alio.* « *Si quum essem tecum contracturus, mulier intervenerit ut cum ipsá potius contraham, videtur intercessisse.* »

La *mutui datio pro aliis* est interdite à la femme aussi bien que la *fidejussio* elle-même. Il y a *mutui datio*, dit Accurse, lorsque la femme *a dante mutuum accepit quod alius accepturus erat*. Seulement dans ce cas, comme l'acte ne présente pas au premier abord les caractères de *l'intercessio*, le créancier a très-bien pu croire que la femme empruntait pour elle-même et que son acte était parfaitement valable. Nous verrons bientôt comment la bonne foi du créancier ou le dol de la femme arrivent très souvent à faire valider l'acte *mutui datio* de la femme et à la priver par là même du bénéfice du sénatus-consulte.

SECTION V.

L'intercessor ne fait pas sa propre affaire.

Un acte peut présenter tous les caractères extérieurs de *l'intercessio* et cependant ne pas constituer une *intercessio*, du moins dans le sens du sénatus-consulte Velléien [1]. C'est lorsque l'intervénant trouve à agir ainsi son avantage personnel.

Donc, toutes les fois que l'acte fait par la femme et qu'il s'agit d'apprécier, lui procure un avantage,

---

[1] Employée dans un sens plus générique, l'expression d'*intercedere* s'entend de toute immixtion dans les affaires d'autrui, quel que soit le but de *l'intercedens* (V. D. *De Pactis*, L. 30 § 1 et L. 43 et 13 *h. t.*)

bien qu'il ait en apparence pour but de libérer un tiers, il n'y a pas lieu d'appliquer le sénatus-consulte.

Les juristes formulent d'ordinaire cette maxime en disant que la femme est valablement engagée toutes les fois qu'elle *a reçu le prix* de son *intercessio,* c'est-à-dire toutes les fois qu'en paraissant gérer l'affaire d'autrui, elle a, en réalité, géré sa propre affaire. Les textes qui font l'application de ce principe et dont nous allons examiner les plus importants, se réfèrent à trois hypothèses : 1º la femme a fait uniquement sa propre affaire ; 2º elle a fait tout à la fois son affaire et celle d'autrui ; 3º elle n'avait pas fait d'abord son affaire, mais une circonstance s'est produite qui a détruit le vice primitif de son obligation.

1re *hypothèse.* — Toutes les fois que la femme a un intérêt même moral à sauvegarder en faisant son *intercessio,* celle-ci demeure valable ou du moins la femme n'est pas réputée avoir intercédé dans le sens visé par le sénatus-consulte. Ainsi une obligation naturelle dont une femme serait tenue, serait suffisante pour légitimer son intervention. Exemple : Une esclave traite avec son maître du prix de sa liberté et lui promet une certaine somme. En même temps, elle lui donne un *expromissor* pour garant de sa promesse, qui ne la lie pas civilement. Devenue libre, elle intervient pour libérer son *expromissor*. Cette intervention est valable « *prima facie quidem alienam re vera autem suam obligationem suscipit* » dit Gaius. (L. 13. Pr. *h. t.*) Autre exemple : Une femme, voyant son père condamné à payer une certaine somme, intercède en sa faveur afin qu'il ne soit pas inquiété au sujet du paiement; il n'y pas lieu d'appliquer le sénatus-consulte. (D. 4. 21, § 1. *h. t.*)

En dehors de ces obligations de morale et de conscience, on peut dire d'une manière générale que la femme en intercédant fait sa propre affaire lorsqu'elle a pour but d'éviter ainsi un recours que l'on aurait contre elle.

1° (D. L. 3. *h. t.*) Une femme intercède pour son fidéjusseur, ou bien pour celui qui, après lui avoir vendu une hérédité, est poursuivi par les créanciers héréditaires. Son intervention pour eux est valable, car s'ils payaient, ils pourraient recourir contre elle, le premier par l'action *negotiorum gestorum* ou *mandati contraria,* le second en vertu des stipulations *emptæ et venditæ hereditatis* [1].

2° (D. L. 24, Pr. — C. L. 2, *h. t.*) Nous avons vu que la délégation constituait de la part de la femme déléguée une *intercessio* prohibée. Il en est diffé-

---

[1] Ceci nous montre que le sénatus-consulte Velléien a précédé le Trébellien et par conséquent nous prouve une fois de plus qu'il est antérieur à Néron.

remment si la femme est débitrice du déléguant, parce que si elle ne payait pas au délégataire, elle demeurerait soumise à l'action du déléguant. Mais il faut que la femme soit bien véritablement débitrice. Car si la dette dont elle est tenue pouvait être annulée pour une cause ou pour une autre, son intercession n'ayant plus de juste cause tomberait sous le coup du sénatus-consulte. (D. *de contrah. empt.* L. 38.)

3° (D. L. 8, § 2, *h. t.*) Une femme intervient pour *Secundus* auprès de *Primus* son créancier et promet de lui payer la dette de *Secundus*; aucune cause ne vient légitimer cette *intercessio* qui par conséquent est nulle. Cependant, au moins quant à la forme, elle s'est obligée envers *Secundus*, et celui-ci la considérant comme sa débitrice, la délègue lui-même à *Seius* son créancier. La première *expromissio* est invalidée par le sénatus-consulte. Sur ce point pas de difficulté ni de controverse; mais que faut-il décider quant à la délégation qui l'a suivie? Les jurisconsultes étaient partagés au dire d'Ulpien. Julien l'annulait comme la première en se fondant sur ce que la cause de la délégation n'est juste qu'en apparence. Marcellus voulait au contraire que l'on distinguât entre le cas où la femme avait su qu'elle n'était pas obligée envers *Primus* et celui où elle avait cru être déléguée en qualité de débitrice et se libérer ainsi d'une dette dont elle pensait être tenue. Dans ce cas, il n'accordait pas l'exception du sénatus-consulte, mais une *condictio sine causâ* contre *Primus*. — S'il nous fallait opter entre ces deux opinions nous préférerions celle de Julien, car il va au fond des choses, et examine, si vraiment la femme a fait sa propre affaire, ce qui peut seulement rendre le sénatus-consulte inapplicable.

Deuxième hypothèse. — La femme a fait en partie son affaire et en partie celle d'autrui : son *intercessio* est valable jusqu'à concurrence de l'intérêt qu'elle y a. Prenons par exemple le cas où la femme promet avec une autre personne la solidarité pour une dette contractée en commun. En principe l'obligation de la femme est valable pour la moitié ; quant au surplus, elle est considérée comme une *intercessio* de sa part en faveur de son co-débiteur et comme tel annulée. Seulement des dérogations à ce principe peuvent se rencontrer dans un sens ou dans un autre suivant que l'on trouve en fait ou que l'obligation *in solidum* était dans l'intérêt de la femme, ou au contraire qu'elle était *in solidum* dans l'intérêt du créancier, en sorte que la dette de la femme qui paraissait de prime abord corréale n'était en réalité qu'une *adpromissio* déguisée. Le principe et la première dérogation que nous avons signalée trouvent leur application dans l'espèce citée à la loi 17 § 2 de notre titre, par le jurisconsulte Africain. [1]

Ainsi il faut, pour apprécier la valeur de l'engagement de la femme, aller au fond des choses et rechercher dans quelle mesure elle agit dans son propre intérêt; c'est dans cette mesure seulement que son engagement est confirmé.

Les solutions empruntées au Digeste sont confirmées par Justinien dans la loi 23, C. *h. t.*; mais, dans cette loi, il s'occupe, en outre, d'une difficultée qui peut être soulevée ; on peut se demander comment le tiers à qui la femme oppose l'exception du sénatus-consulte Velléien, pourra prouver qu'au moment où elle s'engageait elle avait reçu le prix de son *intercessio*. C'est une preuve toute de fait, dira-t-on ; Justinien organise un mode spécial de preuve, et, à côté des justifications de fait qui peuvent toujours être fournies, il indique celle-ci : Lorsque la femme aura, dans l'acte public rédigé suivant les formes qu'il détertermine pour constater l'*intercessio*, déclaré qu'elle en a reçu le prix, cet acte fera pleine foi de ce qu'il contient, *omni modo esse credendum.* Nous verrons plus tard que l'introduction de cette présomption *juris et de jure* est venue profondément modifier la portée et l'esprit du sénatus-consulte Velléien. (C. L. 23, *h. t.*)

---

[1] Cette loi est analysée par M. Demangeat dans son traité : *Des obligations solidaires en Droit romain,* pages 344 et suiv.

Troisième hypothèse. — La femme, à l'origine, a fait l'affaire d'autrui, mais postérieurement elle a reçu le prix de son *intercessio*, soit que le montant lui en ait été effectivement versé par le débiteur primitif (D. L. 16, pr. *h. t.*), soit que l'argent prêté sur son *intercessio* ait été employé avantageusement pour elle. (D. L. 21, § pr., *h. t.*) Dans ces cas, bien que l'on puisse croire que son obligation nulle *in principio* doive demeurer telle, les jurisconsultes décident qu'elle sera validée *ex post-facto.*

SECTION VI.

Il n'y a pas intercessio de la part de celui qui s'oblige animo donandi.

Il faut enfin, et c'est la dernière condition pour qu'il y ait *intercessio,* que l'intervenant, que la femme, puisque nous étudions l'*intercessio* au point de vue du Velléien, bien qu'agissant dans l'intérêt d'autrui, n'ait pas l'intention de lui faire une donation. Or, cet *animus donandi* existe si la femme s'oblige pour autrui, en s'interdisant à jamais tout recours contre lui. Si donc la femme s'oblige de cette manière, il n'y a pas lieu d'appliquer le sénatus-consulte Velléien. « *Si quid liberaliter fecerit... non erit tuta senatus-consulto.* »

La raison de cette différence, mise par le séna-

tus-consulte entre la donation et l'*intercessio*, est
facile à saisir : la femme, qui s'oblige sans recours
possible, encourt un appauvrissement certain et
une perte évidente ; la femme qui intercède ne
fait que s'exposer à une perte éventuelle. Or, dit
Ulpien, *senatus obligatæ mulieri succurrere voluit,
non donanti ; hoc ideo, quia facilius se mulier obligat quam alicui donat.* »

CHAPITRE III.

DES EXCEPTIONS AU SÉNATUS-CONSULTE VELLÉIEN.

Bien que toutes les conditions requises pour
qu'il y ait *intercessio* se trouvent rassemblées, le
sénatus-consulte Velléien peut n'être pas applicable ; les cas exceptionnels où l'*intercessio* demeure
valable proviennent :

1° De circonstances personnelles au créancier ;
2° De faits personnels à la femme ;
3° De la cause même de l'*intercessio*.

§ I. — *Exceptions au sénatus-consulte fondées sur
des circonstances personnelles au créancier.*

Le sénatus-consulte cesse de s'appliquer :
1° Si le créancier, au profit duquel la femme a

intercédé est un mineur de vingt-cinq ans, lorsque le recours du mineur contre le débiteur primitif est devenu inutile par suite de l'insolvabilité de ce dernier. (D. *De minor. vig. quinq. ann.* L. 12.) L'intérêt du mineur est alors préféré à celui de la femme.

2° Lorsque le créancier est de bonne foi, c'est-à-dire lorsqu'il n'a pas su que l'acte de la femme constituait une *intercessio* prohibée; il faut de plus que cette bonne foi soit justifiée, c'est-à-dire qu'elle ne repose pas sur une négligence du créancier, auquel cas le sénatus-consulte pourrait encore être invoqué contre lui.

Le premier cas où le créancier peut argumenter de sa bonne foi parce qu'elle est suffisamment excusée par les circonstances, est celui où l'*intercessio* s'est produite sous la forme d'une *mutui datio,* c'est-à-dire lorsque la femme, tout en paraissant emprunter pour elle-même, a en réalité emprunté pour un tiers; cette exception est introduite autant dans l'intérêt de la femme que dans l'intérêt des tiers : « *Alioquin,* dit Paul, *nemo cum feminis contrahet, quia ignorari potest, quid acturœ sint.* » (**D. L. 11,** *h. t.*)

Dans cette hypothèse la bonne foi du créancier est présumée jusqu'à preuve contraire, parce qu'il contracte avec une femme *ab initio* [1]. Lors, au

---

[1] D. LL. 4, pr. 28, § 1. La loi 19, § 5, contient pourtant une dérogation à ce principe.

contraire, que l'acte présente l'apparence d'une *intercessio* de sa part, une bien plus grande prudence lui est imposée et sa bonne foi est difficilement admise. C'est ainsi que son erreur est inexcusable lorsqu'il accepte pour débitrice une femme qu'on lui délègue ; il aurait-dû s'enquérir avec soin de la question de savoir si la femme est bien réellement débitrice de son débiteur : « *Tunc enim*, dit Africain, *diligentiorem esse debere.* » (D. L. 17, pr. *h. t.*)

§ II. — *Exceptions au sénatus-consulte fondées sur des faits personnels à la femme.*

1º La femme ne peut invoquer le sénatus-consulte si elle a cherché à tromper le créancier sur la nature de son acte, tout en se réservant à part elle de le faire annuler un jour. C'était un rescrit de Sévère et d'Antonin le Pieux qui avait introduit cette exception toute d'équité, en interprétant en ce sens les termes du sénatus-consulte. (D. L. 2, § 3, *h. t.*) « *Deceptis, non decipientibus (senatus-consultum) opitubatur... Infirmitas enim feminarum, non calliditas auxilium meruit.* » Ceci probablement n'avait pas été parfaitement compris lors du sénatus-consulte : on considérait sans doute alors que, la prohibition du sénat étant beaucoup plus d'ordre public que d'intérêt privé, elle ne devait

point tomber même devant cette considération que
la femme avait voulu tromper. Plus tard la ten-
dance à la considérer, au contraire, comme une pro-
tection accordée à la faiblesse des femmes s'accen-
tua de plus en plus : nous en verrons la preuve
en étudiant le système des innovations de Justinien ; le rescrit de Sévère et d'Antonin fut un premier pas fait dans cette voie.

Nous avons déjà signalé incidemment une application de cette doctrine [1]. Elle se trouve dans
la loi **17**, § **1** de notre titre (*Dig.*). Une femme laisse son mari conférer une hypothèque sur un bien
qui lui est déjà engagé et sa présence au contrat
équivaut à une renonciation à son rang ; ce fait
constitue une *intercessio* prohibée ; mais si la femme a agi frauduleusement, si, pour ne pas nuire
au crédit de son mari, elle a gardé le silence sur
l'existence de sa créance hypothécaire, l'*intercessio*
demeure valable. Cette doctrine est confirmée et
développée par la loi **5** de notre titre au Code.

On accorde au créancier trompé, pour se défendre contre l'exception du sénatus-consulte, une
replique *doli mali* (C. L. **18**, *h. t.*)

2° Si la femme qui a intercédé est prête à défendre au procès pour détourner l'action qui me-
nace le débiteur, elle peut se priver volontaire-
ment de l'exception du S.-C., en donnant caution

[1] Page 22.

in jure qu'elle n'y aura pas recours : « *cavere se non exceptione usuram.* » Nous verrons, en effet, que son silence *in jure* ne suffisait point pour la priver de cette exception qu'elle peut invoquer pour la première fois même *in judicio*.

Plusieurs autres exceptions furent introduites par Justinien ; nous les étudierons plus loin parce qu'elles se rattachent au système général de ses innovations en cette matière.

Avant de terminer ce paragraphe, nous voulons examiner brièvement une question célèbre dans l'école et qui depuis les glossateurs jusqu'à nos jours a préoccupé tous les romanistes : celle de savoir si le dol de la femme et sa renonciation formelle *in jure* sont les seuls faits par lesquels elle peut se priver du bénéfice du sénatus-consulte et si elle ne peut pas s'en priver par une renonciation volontaire faite à l'époque du contrat.

Pour nous qui avons admis que le sénatus-consulte Velléien est une disposition d'ordre public, la difficulté n'en est pas une : une loi qui intéresse l'ordre social ne peut être atteinte par des conventions contraires.

Même en admettant que cette disposition soit fondée uniquement sur l'intérêt de la femme, nous ne concevons pas qu'une autre solution puisse être donnée. Que craint-on en effet ? C'est que la femme, ne voyant pas les dangers de l'*intercessio*, ne s'y engage à la légère? Or, n'est-il pas évident que si l'on permet à la femme au temps du contrat de renoncer à invoquer le S.-C., la clause deviendra de style et la femme ne sera pas protégée contre les entraînements que l'on a craint pour elle?

Voilà pour l'esprit du S.-C. : les textes ne sont pas moins formels. Ne parlons que de celui-ci : « *Paulus respondit : Ea quæ in fraudem senatus-consulti, quòd de intercessione feminarum factum est, excogitata probari possunt, rata haberi non oportere*[1]. » Donc des fraudes étaient pratiquées par les femmes dans le but de se soustraire à l'application du S.-C.. Or, pourquoi les auraient-elles imaginées, s'il leur avait été possible de valider l'*intercessio* par une renonciation directe au bénéfice du Velléien?

Ce système ne nous paraît aucunement douteux et très-certainement il était celui des jurisconsultes classiques. Nous verrons bientôt que les innovations de Justinien sont venues apporter au S.-C., sur ce point comme sur bien d'autres, de profondes modifications.

III. *Exceptions au sénatus-consulte fondées sur la cause même de l'intercessio.*

1° Si une femme s'est obligée ou a emprunté pour fournir une dot à sa fille (C. L. 12, *h. t.*) ou

[1] D. L. 29, § 1, *h. t.*

même à tout autre, depuis Justinien (C. L. 25, *h. t.*), la cause de l'*intercessio* met obstacle à l'application du sénatus-consulte.

2° Il en est de même si elle s'est obligée envers un maître pour qu'il conférât la liberté à son esclave, ou pour un autre motif pieux (D. *de liber. caus.* L. 3, § 2 et 3.).

3° De même encore, lorsque la mère, intervenant pour faire nommer un tuteur à ses enfants, fait insérer dans le décret du prêteur que le tuteur qu'elle présente est nommé à ses risques et périls. (C. *si mater indemit.* L. 3.)

CHAPITRE IV.

DES EFFETS DU SÉNATUS-CONSULTE VELLÉIEN.

SECTION I. — *Effets du sénatus-consulte par rapport à la femme et à ses ayant-cause.*

La prohibition établie par le sénatus-consulte Velléien peut être invoquée de deux manières ; elle peut donner lieu : 1° à un refus d'action ; 2° à une exception.

Refus d'action. C'est là ce qui ce passera dans la plupart des cas et c'est l'effet le plus naturel du sénatus-consulte. Le texte du S.-C. y fait allusion par ces mots : « *Ne eo nomine ab his* PETITIO, *neve in eas* ACTIO *detur.* » Mais pour que le refus d'action soit prononcé, il faut que le préteur soit certain que, d'une part, les faits imputés à la femme constituent une *intercessio* prohibée, et que d'autre part, elle n'est pas dans un des cas d'exception au sénatus-consulte. Si les renseignements qui lui sont fournis ne sont pas suffisants pour éclairer sa religion, il renvoie les parties devant le juge en insérant dans la formule d'action l'exception invoquée par la femme.

Exception. — I. Comment se pouvait-il faire d'abord que la prohibition du sénatus-consulte Velléien, œuvre du droit civil, fût appliquée par voie d'exception comme si elle eût émané du droit prétorien ? Voici comment s'explique ce fait qui peut sembler bizarre au premier abord. Il y eut de nombreuses exceptions de droit civil: L'exception du S.-C. Macédonien, celle tirée de la loi Cincia, du S.-C. Trébelléien, etc. Le droit civil emprunta au droit prétorien le système de l'exception insérée dans la formule, toutes les fois que le moyen de défense créé par lui ne constituait pas une négation directe de *l'intensio.*

II. *Caractères de cette exception.* — L'exception tirée du sénatus-consulte Velléien a ces deux caractères d'être :

1º *Péremptoire ;* c'est-à-dire qu'elle tient au fond et non à la forme de la procédure ; sont en effet qualifiées péremptoires celles qui sont données à raison d'un fait prohibé par un sénatus-consulte. (D. *de except.,* L. 3.)

2º *Rei cohærens* ; c'est-à-dire qu'elle n'appartient pas à une personne déterminée, mais qu'elle tient à l'action, en sorte que toute personne poursuivie en vertu de cette action a le droit d'invoquer l'exception. *Rei cohærentes exceptiones etiam fidejussoribus competunt... Intercessionis exceptio... fidejussori competit.* L. 7, *eod. tit.*)

Des conclusions importantes dérivent de ces prémisses :

1º De ce que l'exception tirée du sénatus-consulte Velléien est péremptoire, il faut conclure que si la femme néglige d'opposer l'exception, et par suite de son erreur paie le montant de son obligation, elle pourra, au moyen d'une *condictio indebiti,* se faire restituer cette somme. C'est l'application pure et simple de la règle posée par Ulpien : « *Indebitum solutum accipimus non solum si omnino non debeatur, sed et si per aliquam exceptionem perpetuam peti non poterat ; quare hoc quoque repeti poterit, nisi, sciens se tutum exceptione, solvit.* » (D. *de condict. indeb.,* L. 26, § 3.) Il faut donc que la femme ait payé parce qu'elle se croyait obligée. Peu importe d'où procède son erreur, d'une erreur de droit ou d'une erreur de fait. Lors, en effet, qu'il s'agit d'accorder la *condictio indebiti* à un homme, il y a lieu de se demander si l'erreur de droit peut fonder la répétition, mais quant aux femmes la question n'a jamais fait doute, ayant toujours été affirmativement résolue. (*De juris et facti ignor*. LL. 8 et 9, pr.)

Remarquons qu'au lieu d'agir par *condictio indebiti*, la femme peut agir par l'action *mandati* ou *negotiorum gestorum contraria* contre le débiteur principal, sauf à lui fournir caution de sa promesse de ne pas revenir contre le créancier qui aurait alors un recours contre le débiteur (D. L. 31, *h. t.*)

Faut-il aller plus loin, et dire que la translation de droits réels faite par la femme en conséquence de son *intercessio* soit nulle, et que la femme puisse agir, en revendication, par exemple, de l'immeuble dont elle a ainsi fait mancipation? C'est en ce sens que l'on explique d'ordinaire la loi 32, § 2, D. *h. t.* Nous ne croyons pas que cette loi ait la signification qu'on lui prête, et nous pensons que la femme ne peut avoir autre chose dans cette hypothèse qu'une *condictio indebiti* ordinaire. « Le paiement, dit M. Gide, est nul comme paiement, mais il n'en est pas moins valable comme acte translatif de propriété; pour expliquer le fr. 32, § 2, D. *h. t.*, qui accorde une revendication appuyée

de la réplique du sénatus-consulte à une femme
qui avait donné son fonds au créancier en paiement de son *intercessio*, il faut supposer que la
femme, ayant fait tradition d'un fonds *italique*
en avait retenu le *domaine quirilaire* [1]. »

2° De ce que l'exception tirée du sénatus-consulte Velléien est *rei cohærens*, il faut conclure :

A. Qu'elle peut être opposée, non-seulement par
la femme, mais :

1° Par ses héritiers (C. L. 20, *h. t.*)

2° Par son mandataire, c'est-à-dire celui qui,
sur le mandat de la femme, est venu intercéder en
sa place pour le débiteur principal. (D. L. 30, § 1,
h. t.) Seulement il faut remarquer que si le créancier a été de bonne foi, comme cette bonne foi est
d'ailleurs parfaitement excusable, parce qu'il n'a
affaire qu'à un homme, on ne pourra pas lui opposer l'exception du sénatus-consulte. Mais dans ce
cas Papinien accorde au mandataire *æquitatis
gratiâ*, une action de gestion d'affaires contre le
débiteur principal (D. LL. 6 et 7, *h. t.*)

3° Par son *adpromissor*, c'est-à-dire celui qui
est venu garantir son *intercessio*, sans qu'il y ait à
distinguer s'il avait ou non reçu de la femme le
mandat d'intervenir. En effet, l'une des conditions
essentiélles de la validité de l'*adpromissio*, c'est
l'existence d'une obligation principale valable au

---

[1] Gide. *Étude sur la condit. privée de la femme*, p. 182, note.

moins naturellement. Or, l'obligation de la femme qui joue le rôle d'obligation principale relativement à celle de l'*adpromissor* est absolument nulle : « *totam obligationem senatus improbat.* » Telle est la décision donnée par Julien qui rejette l'opinion contraire émise par Gaius Cassius pour le cas où le fidéjusseur n'avait pas reçu mandat de la part de la femme.

4° Par le délégué de la femme, alors qu'il n'était pas le débiteur de celle-ci ; c'est encore un fidéjusseur. (D. L. 8, § 4, *h. t.*)

5° Par le tiers qui a hypothéqué son bien pour garantir l'*intercessio* de la femme ; c'est une caution réelle qui est nulle, comme l'*adpromissio*, en l'absence d'une obligation principale. (Dig., *quæ res pign.*, L. 2.)

6° Par celui qui a intercédé *correaliter* avec la femme, s'il y a entre eux société.

B. Que l'exception du sénatus-consulte pouvait être opposée non-seulement au créancier à l'égard duquel la femme a intercédé, mais encore à ses héritiers et à l'*adstipulator*.

Formes de l'exception du S.-C. Velléien. — Elle peut se présenter tantôt sous la forme d'exception proprement dite, c'est-à-dire, servir dans la formule de défense à l'*intentio,* tantôt sous la forme d'une réplique. Nous avons déjà rencontré cette réplique dans les lois 17, § 1 et 32, § 2, *h. t.* (D).

SECTION II.

Effets du sénatus-consulte par rapport au créancier.

On peut voir par la lecture du texte du sénatus-consulte qu'il ne mentionne d'autre effet de sa prohibition que celui de rendre nul l'acte par lequel la femme a intercédé. Cependant, il eût été injuste de priver le créancier d'une action contre le véritable débiteur de l'obligation, et voilà pourquoi les prudents imaginèrent d'organiser une action contre celui qui, en l'absence de la femme, serait devenu ou demeuré le débiteur principal. Bien entendu, pour qu'il y ait lieu à une action restitutoire il faut qu'il y ait eu exstinction de l'action primitive, en d'autres termes, il faut que l'*intercessio* soit une de celles que nous avons qualifiées de *privatives*. C'est donc seulement en présence de ce genre d'*intercessio* qu'il faut se placer pour étudier l'action restitutoire. Cette action peut être donnée dès qu'il y a eu *intercessio*, soit qu'elle ait ou non eu pour base une obligation préexistante.

Lorsqu'il n'y a point eu d'obligation préexistante, une action toute nouvelle est donnée contre le débiteur principal; mais cette action est celle que le créancier, à qui l'*intercessio* peut préjudicier, aurait eu contre la femme si son *intercessio* eût été valable. (D. L. 8, § 14, *h. t.*)

Dans le cas contraire on accorde au créancier une action qui est dite *restitutoire*.

Deux systèmes se sont produits sur la question de savoir quel était le véritable caractère de cette action restitutoire. Les anciens commentateurs pensaient qu'elle était, à proprement parler, une *restitutio in integrum* accordée par application de cette clause générale de l'édit : *Si qua alia mihi causa justa videbitur, in integrum restituam.* (D. *de in inter restit.* **L. 1, § 1**.) Mais de très-nombreuses objections ont été soulevées, et avec raison suivant nous, contre ce système. D'abord le titre *de in integrum restitutionibus* ne parle pas du tout du cas qui nous occupe; de plus les textes ne nous disent pas que cette action restitutoire fût soumise aux mêmes conditions que les *restitutiones in integrum* ordinaires, notamment au préliminaire de la *cognitio extraordinaria* (D. *de restit. in integr.* **L. 3**.); et à la condition d'être intentée dans le délai d'un an. (Cod. Just., *de temp. in integr. restit.* **L. 7**. — D. **L. 10**, *h. t.*)

Un autre système, au contraire, sans classer l'action restitutoire parmi les *restitutiones in integrum* proprement dites, la considère comme une action *utile* accordée au créancier *fictâ novationis rescissione.* En d'autres termes, le prêteur aurait organisé dans l'intérêt de ceux qui avaient souffert ou pourraient souffrir de l'exception du sénatus-consulte, une action nouvelle calquée sur celle qu'ils auraient eu, si l'*intercessio* nulle d'après le S. C. ne s'était pas produite. Ce système trouve sa justification dans les qualifications que les jurisconsultes donnent à l'action restitutoire; c'est ainsi qu'Ulpien l'appelle *actio utilis* (L. 8, § 8. *h. t.*), par opposition à l'action primitive *actio directa* (§ 13 même loi). Pomponius dit même formellement que l'action est rescisoire « *rescissa inter-cessione.. restituenda est actio* » (D. L. 32 § 5 *h. t.*)

Étudions d'un peu plus près les caractères de cette action restitutoire et les circonstances dans lesquelles elle est donnée.

a) Nous avons dit que l'action restitutoire [1] est donnée à tous ceux à qui peut préjudicier la nullité de l'*intercessio*, mais elle est donnée à eux seuls; il faut conclure de là :

Que si, de deux créanciers solidaires, l'un a reçu en qualité d'*expromissor* une femme qui vient au contrat prendre la place du débiteur, c'est à ce créancier seulement que l'action sera restituée. L'autre, en effet, ne peut éprouver aucun préjudice par suite de la nullité de l'*intercessio*, puisque, si elle eût été valable, la novation faite avec son

---

[1] Et ici nous entendons par action restitutoire, même celle qui est dans l'hypothèse d'une *mutui datio*, bien que suivant l'expression d'Ulpien *instituas magis quam restituat actionem*.

correus, l'eût privé du bénéfice de l'action (D. L.8, § 11, *h. t.*).

b) Nous avons dit qu'il faut en second lieu qu'il y ait un préjudice à craindre pour le créancier: or ce préjudice n'existe pas:

1° Dans tous les cas d'exception du sénatus-consulte Velléien, parce qu'alors la femme ne peut se soustraire aux conséquences de son obligation.

2° Lorsque la femme a payé, sachant bien qu'elle pouvait se dispenser de le faire, car dans ce cas il ne lui est pas permis de répéter (D. L. 8 § 10, *h. t.*)

3° Lorsque, malgré l'*intercessio* de la femme, le créancier a conservé, indépendamment de l'action restitutoire, le moyen de se retourner contre le débiteur primitif. C'est ce qui peut se présenter dans le cas suivant : un créancier a fait acceptilation à son débiteur sous la condition que celui-ci lui fournirait un *expromissor*. Le débiteur présente une femme pour s'engager à sa place; il n'a évidemment pas rempli son engagement: « *Quid enim interest*, dit Ulpien, *non det aut talem det?* » Et alors le créancier a contre lui une *condictio causa data non secuta* qui rend inutile à son égard l'action restitutoire (D. L. 8, § 8, *h. t.*).

c) Il faut en troisième lieu que le préjudice soit véritablement la suite de la nullité créée par le S.-C. ; on en conclut :

Que l'action restitutoire n'est pas accordée si, pour une cause personnelle au débiteur primitif, cette action devait être inutile. C'est là ce qui arrive dans les différentes hypothèses prévues par la loi 8 § 15. Elle prévoit le cas où une femme a intercédé pour un pupille non autorisé, ou bien pour un mineur de 25 ans, s'il peut invoquer la *restitutio in integrum*, ou enfin pour un fils de famille obligé contrairement au S.-C. Macédonien. Dans ces différents cas le préjudice ne résulte pas pour le créancier du sénatus-consulte Velléien.

d) Nous avons dit encore que cette action était organisée dans l'intérêt de ceux qui avaient souffert ou pouvaient avoir à souffrir par suite de la nullité de l'*intercessio* de la femme. Et, en effet, pour exercer l'action restitutoire, le créancier n'est pas obligé d'attendre que la femme lui ait opposé l'exception du S.-C. Ainsi, lorsque la femme s'est obligée à terme, le créancier peut agir avant même l'arrivée du terme. De même, lorsqu'elle s'est obligée sous condition, le créancier n'est pas tenu d'attendre l'événement de la condition [1]. (D. L. 13, § 2, *h. t.*)

---

[1] Cette dernière solution a fait surgir une difficulté. Comment, a-t-on dit, peut-on concevoir que le créancier ait besoin d'une action restitutoire alors que l'action primitive n'est pas éteinte? Or, elle n'est pas éteinte par novation tant que la condition de la seconde obligation ne s'est pas produite. — Cela est vrai, la première action subsiste encore; mais si on l'intentait, elle serait paralysée par l'exception *pacti conventi*. C'en est assez pour que l'action restitutoire soit accordée.

e) Enfin, avons-nous dit, cette action restitutoire est calquée sur l'action primitive dont elle revêt tous les caractères. (D. L. 14, *h. t.*)

Ainsi d'abord elle est accordée aussi longtemps qu'aurait été accordée l'action primitive elle-même ; c'est en ce sens qu'Ulpien dit qu'elle est perpétuelle. (D. L. 10, *h. t.*) Si donc l'action originaire était perpétuelle, l'action restitutoire aura une durée illimitée ; mais si elle est temporaire, l'action restitutoire n'aura pas une plus longue durée. « *Temporalis actio restituetur,* » dit Paul, L. 24, § 3.

En second lieu, l'action restitutoire est accordée contre tous ceux qui auraient du être poursuivis en vertu de l'action primitive. L'action est donc restituée :

1° Contre l'ancien débiteur principal (D. L. 1, § 2, *h. t.*), ou si l'*intercessio* s'est produite sous la forme d'une *mutui datio,* contre celui qui serait devenu débiteur si la femme ne s'était pas présentée pour emprunter à sa place.

2° Contre ses héritiers et autres successeurs. (L. 10.)

3° Contre les fidéjusseurs (L. 14) et autres débiteurs accessoires.

4° Contre chacun des *correi promittendi,* encore que la femme n'ait intercédé que pour l'un d'eux. L'action restitutoire est nécessaire même contre l'autre, car l'*intercessio* de la femme a anéanti *totam pristinam obligationem* (D. L. 20, *h. t.*)

5° Contre le maître de l'esclave ou le père du fils de famille pour qui la femme a intercédé (D. L. 9 et 32, § 5, *h. t.*)

6° Contre la femme elle-même, lorsqu'elle est devenue héritière du débiteur primitif; mais dans ce cas le créancier peut la poursuivre même par l'action primitive. « *Nihil enim interest qua actione conveniatur,* » dit Ulpien. Il est difficile de concevoir à quoi servait dans cette hypothèse l'action restitutoire, et il nous semble que le jurisconsulte ne l'a mentionnée que par une raison de symétrie.

<hr>

CHAPITRE IV.

INNOVATIONS DE JUSTINIEN.

Depuis le sénatus-consulte Velléien, qui avait mis absolument sur la même ligne l'*intercessio* faite au profit du mari et celle faite au profit d'un tiers, cette égalité parfaite entre les deux genres d'*intercessiones* avait toujours été maintenue. Justinien vint précisément faire l'œuvre contraire, et, séparant les deux hypothèses que le sénat avait réunies, il établit une distinction profonde entre l'*in-*

tercessio au profit du mari et l'*intercessio* au profit
des tiers. Pour la première, il rendit plus rigoureuse la prohibition du sénat; pour la seconde, il
l'affaiblit.

I. *De l'intercessio pour un tiers.* — D'abord,
Justinien augmenta considérablement le nombre
des exceptions au S.-C. en validant l'*intercessio* de
la femme toutes les fois qu'elle avait une *justa
causa,* par exemple, si elle avait été faite *pro dote,
pro libertate.*

En second lieu, il voulut que la prohibition dis-
parût devant la volonté sérieusement manifestée
par la femme de contracter une obligation valable.
En sorte qu'on peut dire que, sous Justinien, la
femme a acquis la faculté de renoncer, sous certaines conditions, au bénéfice du S.-C. C'est ainsi :

1° Que l'*intercessio* est déclarée valable si la
femme l'a renouvelée après un intervalle de deux
ans. (Cod. Just. L. 22, *h. t.*)

2° Que la déclaration faite par la femme qu'elle
a reçu quelque chose, *aliquid,* pour prix de son *intercessio,* suffit à établir qu'elle a agi dans son intérêt personnel, et que, par conséquent, elle n'a
pas fait une *intercessio* prohibée. (L. 23.) C'est
évidemment un moyen offert à la femme d'éluder
la prohibition du sénat.

3° Que l'*intercessio* est valable si elle est faite

par acte public. (L. 23, § 2.) Cette interprétation
est loin d'être acceptée par tout le monde ; cependant ainsi comprise, « cette dernière innovation,
dit M. Gide, n'est que le développement des précédentes : s'il suffit, pour valider l'engagement de
la femme, qu'elle ait manifesté une ferme volonté
de s'obliger, soit en confirmant et réitérant sa promesse, soit en déclarant qu'elle avait un intérêt
personnel à intercéder, ne devra-t-il pas en être
de même lorsque l'acte d'intercession présentera
les meilleures garanties possibles d'une volonté
libre et réfléchie, je veux dire, les solennités
tutélaires d'un acte public ? Ainsi interprétée...
rien de plus logique que cette dernière décision de
Justinien, rien de plus logique que tout l'ensemble
de ses réformes. Elles se résument, en un mot :
au lieu de frapper l'intercession des femmes d'une
prohibition absolue, comme l'avait fait le sénat,
Justinien se contente d'entourer cet acte de formalités et de garanties[1]. »

Nous avons dit que cette interprétation est loin
d'être universellement admise : en effet, d'après le
système le plus généralement reçu, Justinien serait
venu, dans la loi 23, apporter une entrave nouvelle aux *intercessiones* des femmes, et loin de
valider d'une manière générale toutes les *intercessiones* constatées par acte public, il aurait eu pour
but d'imposer aux femmes qui se trouvaient dans

[1] Gide, p. 218.

le cas d'intercéder valablement une obligation de plus à remplir, à savoir la nécessité d'un acte public. Le texte de la constitution est très-obscur et il est difficile d'y trouver la justification bien complète d'un système ou d'un autre. Une seule chose en ressort clairement, c'est que les *intercessiones* faites sans la formalité d'un acte public, au lieu d'être nulles *exceptionis ope* (*nec senatus-consulti auxilium imploretur*), sont nulles *ipso jure*, (*sit libera et absoluta, quasi penitu nullo in eadem causa subsecuto.*) Mais à défaut d'un renseignement positif émanant du texte, il nous semble plus logique de penser que Justinien, après avoir par ses constitutions précédentes, si notablement élargi la capacité des femmes en matière d'*intercessiones*, n'a fait par celle-ci que développer son système et en tirer les dernières conclusions.

II. *De l'intercessio de la femme pour son mari.* — Les innovations introduites par Justinien en cette matière sont contenues dans le chapitre VIII de la Novelle 134 connu sous le nom de l'Authentique, *Si quæ mulier,* voici quel en est le texte :

« ... *Si quæ mulier in instrumento crediti viro*
» *suo consentiat, aut suscribat et substantiam suam*
» *vel etiam se ipsam obligaverit, jubeamus, nequa-*
» *quam id valere vel obtinere, sive semel, sive sæ-*
» *pius tale quid pro eadem re fiat, sive publicum*

» *sit debitum sed ita habendum, tanquam scriptum*
» *non esset, nisi manifeste probetur, quod pecunia*
» *in utilitatem mulieris versa sit.* »

De ce texte il faut tout d'abord conclure que toutes les exceptions introduites au S.-C. Velléien sont abrogées lorsque l'*intercessio* est faite au profit du mari. C'est ainsi notamment qu'elle demeure frappée de nullité, quelle que soit la cause de l'obligation principale, et encore qu'elle ait été ou non renouvelée après deux ans d'intervalle.

Ce n'est pas tout : remarquons que dans ce chapitre l'expression d'*intercessio* n'est pas prononcée ; tout acte par lequel la femme est intervenue en faveur de son mari est frappé de nullité. Si Justinien avait employé le mot technique d'*intercessio* il faudrait dire que si la femme a agi *animo donandi* son acte demeure valable. Mais ici on va jusqu'à proscrire tout acte quelconque d'intervention : il faut donc dire que même l'*intercessio* faite *animo donandi* qui n'était pas atteinte par le S.-C. est prohibée par l'authentique *si quæ mulier.*

Les derniers mots de l'authentique viennent confirmer cette doctrine. Justinien prend soin d'excepter de sa prohibition l'hypothèse où la femme en intervenant a fait sa propre affaire. C'est donc qu'il n'entend pas parler de l'*intercessio* telle que l'avaient comprise les rédacteurs du sénatus-consulte, car alors son exception serait inutile.

En effet nous avons vu qu'il n'y avait pas *inter-cessio* proprement dite lorsque la femme avait trouvé son intérêt à intervenir.

La prohibition de la novelle est donc extrêmement étendue, et va frapper toute une catégorie d'actes que le Sénat n'avait pas voulu proscrire.

L'authentique *si quæ mulier* fut le dernier mot de la législation romaine au point de vue du S.-C. Velléien qu'elle finit par supplanter presque entièrement. Ainsi transformée, l'antique prohibition passa dans la plupart des législations de l'Europe, et en particulier dans nos pays de droit écrit où elle demeura en vigueur jusqu'à la promulgation du Code Napoléon. A ce moment elle disparut complétement, en sorte qu'on n'en retrouve aucune trace dans notre législstion moderne. Cependant l'idée qui lui servait de base, c'est-à-dire la crainte des dangers résultant pour la femme des obligations qui n'entraînent pas un appauvrissement actuel et certain, cette idée se retrouve encore dans une disposition de notre Code. En effet, tandis que la femme peut donner à son mari, il lui est défendu de renoncer d'avance à son hypothèque légale.

DROIT FRANÇAIS

DU DROIT DES FEMMES DANS LES FAILLITES

Code de commerce : articles 557 à 564.

La matière qui fait l'objet de cette thèse est d'une application fréquente dans une ville commerciale et industrielle comme la nôtre. Son importance pratique a motivé le choix que nous en avons fait. Nous n'avons pas l'ambition de penser que notre travail pourra être consulté par ceux de nos confrères qui auront à traiter ces questions, mais il sera pour nous d'une grande utilité.

Le caractère positif de cette étude exclut les longs développements historiques ; le sujet d'ailleurs n'y prêterait pas, car les dispositions légales que réglementent les droits des femmes dans les faillites sont toutes de droit nouveau. L'ordonnance de 1673 était muette sur ce point.

La perturbation profonde que la Révolution

apporta dans le monde des affaires aussi bien que dans l'ordre politique obligea seul le législateur à intervenir ; on vit, en effet, à cette époque, des spéculateurs audacieux, ruinés en apparence par des entreprises inouïes, reprendre sous le couvert de leurs femmes le gage de leurs créanciers et insulter par leur luxe au malheur de ces derniers.

L'opinion était sous l'impression de ces scandales à l'époque où fut élaboré le Code de 1808 ; l'empereur qui prit une part active à ces travaux y apporta la rigueur et l'absolutisme de ses idées. Il voulait refuser aux femmes tous les droits que la législation ordinaire leur assure, et après avoir fait dire, dans une circulaire adressée aux Chambres de commerce, que tous les biens personnels des femmes devaient entrer dans l'actif de la faillite, il dit lui-même au Conseil d'Etat que la femme devait partager le malheur de son mari et être réduite à de simples aliments.

Les rédacteurs du Code rejetèrent ces exagérations qui n'allaient à rien moins qu'à ruiner les femmes au profit de créanciers qui n'avaient pu considérer leurs biens comme le gage de leurs créances. Toutefois ils restreignirent leurs droits malgré l'énergique résistance du Tribunal, et leur œuvre garde en cela l'empreinte de la rigueur souvent excessive de celui qui l'avait inspirée.

Cette rigueur ne tarda pas à provoquer des

critiques nombreuses et fondées, et de bonne heure on éprouva sur ce point le besoin d'une réforme. D'ailleurs, la vie sociale avait pris une marche plus régulière, et les abus qui avaient marqué le commencement du siècle n'étaient plus autant à craindre. Aussi la loi qui, en 1838, amena la refonte générale de la législation sur les faillites introduisit-elle des modifications nombreuses dans la section qui va nous occuper. Beaucoup de dispositions illogiques ou trop rigoureuses disparurent pour faire place à des restrictions plus équitables et cependant suffisantes pour protéger les droits des créanciers.

Depuis cette réforme, les critiques ont presque complétement cessé et les restrictions imposées aux droits des femmes n'ont plus soulevé de réclamations sérieuses. Par là, l'œuvre du législateur se trouve comme consacrée.

Nous n'avons donc point à en apprécier la valeur comme loi, mais simplement à l'étudier au point de vue juridique et pratique.

Nous commencerons ce travail en parcourant diverses questions qui en sont, selon nous, le préliminaire naturel et indispensable.

CHAPITRE PREMIER

QUESTIONS PRÉLIMINAIRES.

I. La première de ces questions dans l'ordre logique peut ainsi se formuler : dans quel cas les règles que nous allons avoir à étudier doivent-elles recevoir leur application ? En d'autres termes, les restrictions que la loi apporte aux droits pécuniaires des femmes mariées, sont-elles applicables dans l'hypothèse seulement où le mari est en faillite déclarée *par jugement*, ou bien le sont-elles également dans le cas où il n'y a qu'une simple cessation de paiements non suivie encore d'une déclaration de faillite ?

La loi dans le premier article de notre section indique le principe duquel il faut partir pour arriver à une solution. C'est « en cas de faillite du mari » dit l'art. 557, que s'appliqueront les dispositions restrictives de la loi. Maintenant que faut-il pour qu'il y ait faillite dans le sens de l'article 557 ? Suffit-il qu'il y ait en fait cessation de paiements de la part du mari commerçant ? C'est là ce qui semble ressortir de l'article 437 : « Tout commerçant qui cesse ses paiements est en état de faillite. » Faut-il, en outre, que cet état de faillite pour influer sur les droits de la femme soit constaté par jugement du tribunal de commerce ayant qualité à cet effet aux termes de l'article 440 ? Telle est la question qui se présente à notre examen.

Elle n'est au surplus que l'un des aspects multiples sous lesquels peut être envisagée une question beaucoup plus générale et qui soulève les plus graves controverse, en doctrine et en jurisprudence. La voici réduite à ses termes les plus simples.

Les tribunaux autres que le tribunal de commerce seul compétent pour déclarer la faillite (art. 440) ont-ils le droit de constater incidemment aux litiges dont ils se trouvent saisis l'existence d'une faillite non déclarée par lui ? Cette difficulté peut se poser dans un certain nombre de cas ; ainsi l'on peut se demander d'abord si les tribunaux civils peuvent, même en l'absence d'une faillite déclarée, prononcer les nullités spéciales attachées à la cessation de paiements d'un commerçant par les articles 446, 447 et 448 du Code de Commerce ?

Autre difficulté : le jugement déclaratif de faillite est-il le préliminaire indispensable d'une poursuite pour banqueroute simple ou frauduleuse ? En d'autres termes, la question de savoir s'il y a réellement eu faillite est-elle une question préjudicielle qui doive être renvoyée au tribunal consulaire, absolument comme les questions d'état sont renvoyées au tribunal civil ?

Enfin faut-il la déclaration préalable de faillite
pour que les tribunaux puissent faire subir aux
droits de la femme du commerçant qui a cessé
ses paiements, le système de restrictions organisé
par les articles 557 et suivants du Code de Commerce?

Sur tous ces différents points la jurisprudence
semble désormais fixée, bien qu'à différentes
époques, quelques tribunaux inférieurs aient rendu des sentences contraires à l'opinion consacrée
par elle [1]. De nombreux arrêts de la cour suprême
sont venus affirmer que la déclaration préalable
de la faillite n'est nullement nécessaire pour que
les résultats légaux de la cessation de paiements
puissent se manifester.

C'est ainsi qu'il a été décidé par la Cour de
Grenoble, confirmant un jugement du tribunal de
Vienne, que l'hypothèque prise sur les biens d'un
commerçant qui, en fait, avait cessé ses paiements,
devait être annulée, bien qu'un jugement déclaratif n'eût point été prononcé [2].

Ainsi encore que de tous les arrêts rendus par
les cours d'appel ou de cassation sur la question
de savoir si la déclaration de faillite par le tribunal de commerce, est une question préjudicielle
à l'action publique en matière de banqueroute,

[1] C. Douai, 15 avril 1840.
[2] S.34, 2, 438.

aucun n'a jamais admis l'affirmative et que le
plus grand nombre des auteurs qui ont écrit sur
le droit commercial aussi bien que sur l'instruc-
tion criminelle, se sont ralliés à l'opinion de la
jurisprudence [1].

Enfin, pour arriver à l'application de ces principes à la matière qui nous occupe, c'est ainsi
encore qu'il a été jugé : 1° Sous l'empire du Code
de Commerce, que l'ancien article 551 qui res-
treignait l'hypothèque légale de la femme aux
biens possédés par le mari avant le mariage ne
s'appliquait pas seulement au cas de faillite déclarée, mais qu'il s'appliquait encore à la simple
cessation de paiements et même à l'état résultant
de la cession de biens (Rej. 7 mars 1836 ; Req. 8
juin 1837) ; — 2° qu'il suffit qu'un commerçant
ait cessé ses paiements pour que sa femme ne
puisse exercer sur ses biens aucune action à raison
des avantages portés au contrat de mariage,
quand même il ne serait pas intervenu de jugement déclaratif de faillite. (Rej. 13 nov. 1838.)

C'est cette jurisprudence, à peu près unanime
et désormais établie, que M. Renouard résume et
explique en ces termes : « La faillite est un fait
» qui existe par lui-même, un fait que le juge-
» ment déclaratif constate, mais ne crée pas...
» La constitution judiciaire de la faillite appar-

<hr>

[1] V. en particul. C. Caen, 15 mai 1854. (S.54, 2,699.)

» tient exclusivement aux tribunaux de com-
» merce. Mais l'existence de la faillite, c'est-à-
» dire la cessation générale des paiements d'un
» commerçant, étant un fait, tous tribunaux sai-
» sis d'une contestation où ce fait se trouve im-
» pliqué, ont le pouvoir de le reconnaître, de le
» constater et d'en appliquer les conséquences aux
» litiges desquels ils se trouvent régulièrement
» saisis. »

A côté de ces autorités si graves, des voix, moins nombreuses, il est vrai, mais qui émanent d'auteurs du plus grand mérite, sont venues soutenir une opinion tout opposée. M. Massé, en particulier, dans son *Traité du Droit commercial* (t. 3, n° 214), et nos savants auteurs bretons, Delamarre et Poitevin (*Contrat de commission*, t. 5, p. 158 et suiv.), n'ont pas craint d'attaquer ce système, bien qu'il fût étayé sur une jurisprudence si considérable, et les raisons qu'ils nous ont apportées à l'appui de leur opinion nous semblent de la dernière gravité [1].

Il est vrai, ont dit ces auteurs, la faillite c'est la cessation de paiements, la loi a pris soin de le dire dans l'article 437, et la cessation de paie-

[1] Même sens : MM. Victor Foucher, *Comm. des lois des 26 mai et 11 avril 1838*, p. 23 et suiv. ; Boncenne, *Théorie de la Proc.*, t. I, p. 330 ; La Ferrière, *Histoire du Droit français*, t. 2, p. 60 ; Nodière, t. I, p. 139 ; Demangeat s. Bravard Veyrière, t. v, p. 197 et suiv.

ments est un fait nécessairement préexistant au jugement qui le proclame et ne le crée pas. Rien n'est plus vrai ni plus évident : un fait est toujours antérieur au jugement qui le constate. Mais de cette première proposition, est-il juste de conclure que ce fait de la cessation de paiements puisse être constaté par un tribunal quelconque? C'est là ce qu'il faudrait démontrer et que l'on ne démontre pas. Qu'importe, en effet, cette définition que l'on donne de la faillite : *La faillite c'est la cessation de paiements ?* Tout ce qu'on en peut déduire, c'est l'idendité parfaite de ces deux termes qui se définissent l'un par l'autre. Bien plus, disent ces auteurs, nous nous emparons de cette définition pour en faire la base de notre argumentation. Tout ce qui est dit de la faillite doit s'appliquer à la cessation de paiements; or, comment peut être constaté le fait de la faillite? L'article 440 répond à cette question : « *La faillite est déclarée par jugement du tribunal de commerce.* » Donc, c'est le tribunal de commerce seul qui peut constater l'existence de la faillite, et par là même la cessation de paiements d'où résulte la faillite.

Si maintenant l'on cherche les motifs de cette disposition de la loi ainsi entendue, il est facile de les trouver et leur profonde sagesse ne peut échapper à personne. Oui, la cessation de paiements est un fait, et d'ordinaire la constation d'un fait incident à un procès pendant devant un tribunal appartient d'ordinaire à ce tribunal; mais ici la loi a placé la disposition spéciale de l'article 440 qui attribue aux tribunaux de commerce et à eux seuls le droit de reconnaître et de constater ce fait. C'est, en effet, une question fort complexe et très-délicate que celle de savoir s'il y a cessation de paiments. Un refus ou même plusieurs refus de paiements ne suffisent bien souvent pas à l'établir : il faut que l'état des affaires soit tel, aux yeux habitués d'un commerçant, qu'il rende imminent l'approche d'un désastre. Voilà pourquoi la connaissance de ce fait a été confiée exclusivement aux tribunaux de commerce.

C'est là ce qu'exprimait le rapporteur de la loi de 1838, en des termes qui, suivant nous, ne laissent aucune place au doute : « Le système de la
» commission ou plutôt du gouvernement, en
» rédigeant le projet de loi, disait-il à la Chambre
» des députés lors de la discussion de l'article
» 437, a été d'exiger pour constituer la faillite ce
» qu'on appelle la cessation de paiements; c'est-
» à-dire de ne plus s'attacher à un fait isolé, tel
» qu'un ou deux protêts, tel même que la clôture
» du magasin qui pourrait tromper sur l'inten-
» tion et le sens dans lequel cette circonstance
» aurait eu lieu, mais d'exiger un ensemble de
» circonstances et d'en laisser l'appréciation au

» tribunal commercial qui, *éclairé par la connais-*
» *sance et l'habitude des affaires commerciales,*
» peut prononcer avec connaissance sur cet en-
» semble de circonstances, etc. [1] »

Ainsi tout se trouve dans ces quelques paroles du rapporteur de la commission : et la disposition formelle du législateur et l'exposé très-précis des motifs qui l'ont conduit à l'édicter. S'il était besoin d'ajouter quelque chose à cette manifestation si claire de l'esprit de la loi, nous dirions que le système contraire nous semble expressément condamné par l'article 635 du Code de commerce, ainsi conçu : « Les tribunaux de commerce connaîtront de tout ce qui concerne les faillites conformément à ce qui est prescrit au livre III du présent Code. »

La conclusion de ces principes est très-facile à déduire. S'il est vrai que la nullité spéciale des articles 446, 447 et 448, aussi bien que les restrictions établies par la loi contre les femmes des faillis supposent nécessairement la faillite, s'il n'y a point de banqueroute sans faillite, et si d'autre part les tribunaux de commerce sont seuls investis du droit de juger s'il y a faillite, notre système se trouve rigoureusement démontré.

Nous devons même ajouter que l'opinion contraire tend à créer un danger que le législateur

[1] V. M. Duvergier, *Coll. des Lois,* sur l'art. 437, t. de 1838.

a toujours tâché de prévenir : celui de rendre possibles des décisions contraires sur une même question. En effet, en ne voulant pas reconnaître la juridiction exclusive du tribunal de commerce pour l'appréciation de l'existence de la faillite, on arrive à donner à plusieurs tribunaux à la fois la faculté d'en connaître, ce qui rend possible l'inconvénient que nous venons de signaler ; c'est ce que fait remarquer un des professeurs de la Faculté de droit de Paris, à l'occasion de l'étude des nullités spéciales établies par les articles 446, 447 et 448 [1].

Nous devons dire en terminant, que, si la Cour de cassation a toujours maintenu une jurisprudence inflexible sur le point qui nous occupe, quelques Cours d'appel ont cependant émis des décisions contraires. C'est ainsi qu'il a été décidé que l'hypothèque légale de la femme d'un commerçant décédé en état de cessation de paiements, mais dont la faillite n'a point été déclarée dans l'année de son décès, doit être réglée d'après le droit commun et non en vertu de l'article 563 applicable aux femmes des faillis [2]. D'un autre côté cette opinion tend à faire quelque chemin dans la doctrine et nous avons pu constater que le système qui fait de la déclaration de faillite par le tribunal consu-

[1] M. Rataud, *à son cours.*
[2] Grenoble, 15 février 1845.

laire une question préjudicielle à la poursuite du ministère public en matière de banqueroute, avait trouvé dans le sein même de cette Faculté un défenseur habile et convaincu. [1]

II. — Ainsi que nous le disions en commençant ce travail, lorsque l'on étudie la marche de la législation sur la matière qui nous occupe, on trouve que trois systèmes ont été successivement adoptés relativement au règlement des droits des femmes des faillis : le système de l'ordonnance de 1673, sous l'empire de laquelle la faillite du mari ne modifiait en rien les droits de la femme; celui du Code qui, dominé par les principes ayant cours à l'époque de sa confection, traitait la femme du failli avec une extrême rigueur; enfin le système de la loi de 1838. — Or, la divergence de ces trois législations et la transition de l'une à l'autre ont amené naturellement la question de savoir comment devaient être régis les droits des femmes, mariées sous l'empire de l'une de ces législations, dans les faillites ouvertes sous la législation postérieure. Ces questions transitoires, comme toutes les questions transitoires en général, ne sont pas sans quelques difficultés.

Une seule de ces questions a conservé un intérêt pratique; aussi c'est la seule que nous voulions étudier ici. Nous nous demanderons quel

[1] M. Guérard, *à son cours.*

serait le sort d'une femme mariée avant 1838, dont le mari tomberait actuellement en faillite. Cette femme pourrait-elle invoquer le bénéfice de la loi nouvelle pour écarter les rigueurs de l'ancienne législation ?

Posons une espèce sur laquelle nous raisonnerons. On sait, et nous verrons plus loin, que le législateur de 1807 ne s'était pas contenté, comme l'a fait le législateur de 1838, de soustraire à l'hypothèque légale de la femme du failli les immeubles acquis par lui à titre onéreux depuis le mariage, mais avait encore déclaré que, même les immeubles acquis par succession ou donation demeuraient libres de cette hypothèque. En sorte que la femme ne pouvait sur ces biens prétendre aucun droit, pas plus à l'encontre des créanciers chirographaires, que des créanciers hypothécaires. Supposons une femme mariée sous ce régime ; survient la loi de 1838 : on peut se demander si les positions respectives de la femme et des créanciers se trouveront modifiées dans le cas où une faillite viendrait à se produire.

La question s'est posée plusieurs fois devant la Cour de cassation qui, distinguant suivant que la femme se trouve en face de créanciers chirographaires ou bien de créanciers hypothécaires, y a répondu par deux arrêts qui sont restés célèbres, l'un du 3 janvier, l'autre du 17 juillet 1844 ; le premier est relatif aux créanciers chirographaires, le second concerne ceux qui ont sur les biens acquis à titre successoral par leur débiteur depuis son mariage une hypothèque antérieure à la loi de 1838.

Pour les créanciers hypothécaires, aucun doute n'est possible; ils ont des droits acquis que la loi nouvelle a dû laisser intacts. L'hypothèque leur conférait dans l'immeuble, pour le cas où la faillite viendrait à se produire, un droit réel, un droit de préférence à l'encontre de la femme, que le législateur n'aurait pu détruire sans porter atteinte au principe de la non-rétroactivité des lois.

Pour les créanciers chirographaires, l'arrêt du 3 janvier 1844 admet une solution tout opposée: « Attendu, dit-il, qu'à dater de la loi du 28 mai » 1838, l'article 563 est devenu le droit commun » et a régi l'hypothèque des femmes dans toutes » les faillites ouvertes postérieurement; — Atten- » du qu'en appliquant cet article lors même qu'il » existe des créanciers chirographaires antérieurs » à sa publication, on ne lui donne pas d'effet ré- » troactif, parce que ces créanciers n'avaient point » à l'égard de la femme du failli et pour repous- » ser l'hypothèque par elle réclamée, des droits » définitivement acquis et irrévocablement confé- » rés; — Que leurs titres, en effet, ne leur attri- » buaient aucune cause de préférence, aucun

» droit singulier et spécial sur les immeubles de
» leur débiteur qui pourrait valablement les alié-
» ner ou les grever d'hypothèque ; — Que soumis
» ainsi aux éventualités des conventions faites par
» le failli, tant qu'il avait eu le libre exercice de
» ces droits, ils doivent l'être à plus forte raison
» aux modifications législatives dont l'expérience
» a fait reconnaître la nécessité et que l'intérêt
» public a réclamées... etc. Par ces motifs, re-
» jette. »

Ce système de la Cour de cassation, admis par tous les auteurs en ce qui concerne les créanciers hypothécaires, a rencontré d'assez nombreux contradicteurs dans son application aux créanciers chirographaires. Pour nous, il nous paraît être en harmonie parfaite avec la théorie la plus généralement admise sur l'interprétation de l'article 2 du Code civil.

En effet, tout le système de la Cour de cassation dans sa seconde partie, peut se résumer en deux propositions : *Première Proposition.* — La femme peut bénéficier des améliorations introduites par la loi nouvelle, tant qu'elle ne vient pas se heurter contre des droits définitivement acquis. *Deuxième Proposition.* — Les créanciers chirographaires n'ont pas de droits acquis sur le patrimoine de leur débiteur. Or, il nous paraît que ces deux propositions sont également incontestables.

Première Proposition. — Il est de principe qu'un fait est régi par la législation en vigueur au moment où il se produit. Or, la faillite est un fait qui se produit à une époque précise et déterminée; donc, elle doit être réglementée dans ses effets par la loi sous l'empire de laquelle elle se déclare. Faisant application de ce principe au cas qui nous occupe, on doit logiquement dire que la femme reste sous l'empire du droit commun, tant que le mari demeure à la tête de ses affaires ; que, la faillite venant à se produire, il faut consulter la loi en vigueur à cet instant, pour connaître quelle est l'étendue des restrictions apportées par le législateur aux droits de la femme, en considé- ration de cet état exceptionnel; si, en fait, cette législation est plus bénigne qu'une loi antérieure, la femme pourra profiter des améliorations qu'elle a pu introduire. Ceci est vrai en principe, mais il faut se hâter d'ajouter ces mots : Sous la réserve des droits irrévocablement conférés et définitive- ment acquis.

Deuxième Proposition. — Les créanciers chiro- graphaires n'ont pas de droits acquis sur le patri- moine de leur débiteur. — Cette proposition est moins discutable encore, s'il est possible, que la première. Il est de principe que les droits person- nels ne confèrent sur les biens de l'obligé, que des

droits indirects en vertu de la règle énoncée en
l'article 2098 du Code civil : « Les biens du débiteur sont le gage commun de ses créanciers, » et
que ce gage commun demeure une chose essentiellement contingente et éventuelle, tant que ses
créanciers ne l'ont pas fixé en tout ou partie à
leur avantage, en obtenant pour sûreté de leur
droits, une cause légitime de préférence, privilège
ou hypothèque.

Tel est le système admis par la jurisprudence :
il nous paraît absolument conforme aux doctrines
professées par tous les auteurs, relativement au
principe de la non-rétroactivité des lois. Nous devons ajouter qu'un autre système établirait entre
les créanciers chirographaires d'une même faillite,
des préférences qui rendraient la fixation équitable
des droits de chacun très-difficile, pour ne pas dire
impossible. Aussi, le système de la Cour de cassation a-t-il été admis par la presque unanimité des
auteurs et des Cours d'appel [1].

III. — La femme, afin d'exercer ses droits
et reprises en cas de faillite du mari, est-elle
tenue d'obtenir au préalable la séparation de
biens? — Nous ferons d'abord remarquer qu'elle
est toujours dans le cas de l'obtenir, car la faillite

---

[1] V. Boileux, sur Boulay-Paty, n° 901. — Esnault, n° 601, et
les autorités citées par cet auteur.

suppose la cessation de paiement, et, par conséquent, un désordre tel dans les affaires du mari
qu'il y ait lieu de craindre pour les reprises de la
femme. (Art. 1443, C. Civ.)

Pour répondre à cette question, nous distin-
guerons entre les régimes matrimoniaux qui ont
pu être adoptés par les époux dans leur contrat
de mariage :

1° Les époux sont mariés sous le régime de la
séparation de biens. Dans ce cas, évidemment il
ne peut être question de la séparation judiciaire.
La femme n'a pas de reprises à exercer puisque son
mari n'a jamais eu aucun droit sur ses biens.
Donc, il lui suffit de s'opposer par voie d'exception aux poursuites des créanciers, s'ils les vou-
laient étendre à ses biens personnels. Remarquons
qu'ici nous ne nous occupons pas de savoir comment seront déterminés ces biens personnels ; c'est
ce que nous rechercherons dans le chapitre suivant.
Ici nous ne nous occupons que de la voie pratique et pour ainsi dire de la procédure que la
femme devra suivre pour mettre ses biens personnels, en les supposant déterminés, à l'abri des
poursuites des créanciers, dans le cas où ceux-ci
affecteraient de les confondre avec les biens de
leur débiteur failli. Quant aux créances que la
femme pourrait avoir à exercer contre son mari,
elle les exercera dans la faillite sans séparation de

biens judiciaire ; en effet, elle n'a pas à être in-
vestie de nouveau de l'exercice de ses droits et
actions qu'elle n'a jamais perdu et dont elle aurait pu user à toute époque pendant le mariage.
Elle aura sans doute à subir, notamment si elle
invoque son hypothèque légale, les restrictions
imposées par la loi des faillites ; mais, nous le
répétons encore, il ne lui faudra suivre aucune
procédure préalable. -

Les mêmes principes doivent être suivis sous le
régime dotal, en ce qui concerne la reprise en
en nature des biens paraphernaux. Quant à ces
biens, en effet, la femme dotale est absolument
dans la situation de la femme séparée de biens ;
conséquemment les mêmes règles lui doivent être
appliquées [1].

2° Sous tous les autres régimes, la femme,
pour exercer ses reprises et poursuivre ses droits
contre la faillite, doit préalablement avoir obtenu
sa séparation de biens. En effet, jusqu'à ce qu'elle
l'ait obtenue, le mari reste, nonobstant sa faillite,
chef de la communauté ou administrateur des
biens de sa femme, et tant qu'il n'a pas cessé, en
vertu d'un jugement de séparation de biens, d'être
chef ou administrateur, la femme ne peut lui enlever ni ces qualités ni les avantages matériels qui

[1] M. Lainné, *Des faillites*, p. 442.

en sont la conséquence. Elle ne peut pas davantage lui demander la reddition d'un compte ni le paiement d'une créance. En effet, quoiqu'il soit de principe que la faillite rend exigibles toutes les dettes passives du commerçant bien que non échues, néanmoins celles au profit de la femme, telles que les créances dotales et les reprises en général, ne peuvent être dès maintenant exercées parce que « elles constituent, dit M. Massé, des dettes d'une nature particulière qui ne deviennent exigibles que par la dissolution du mariage ou la séparation de biens [1]. » Jusqu'alors la femme n'ayant pas de patrimoine séparé, tout ce qu'elle obtiendrait de son mari lui ferait immédiatement retour. Donc, la reprise serait sans résultat.

Donc, la séparation de biens est utile sous tous les régimes autres que celui de la séparation de biens contractuelle : elle est aussi utile lorsque les époux sont mariés sous le régime de l'exclusion de communauté ou sous celui du régime dotal, qu'à ceux qui étaient régis par le système de communauté. Pour ce régime même, la séparation de biens perd cet effet spécial de déterminer le fractionnement entre les époux de la masse commune.

Il faut, en effet, faire cette remarque qu'en face de la faillite tous les régimes se rapprochent et arrivent à se ressembler beaucoup. Qu'est-ce, en

[1] M. Massé, *Droit comm.*, t. 3, n° 380.

effet, qui distingue le régime de la communauté de tous les autres régimes au moment où la société conjugale vient à se dissoudre? C'est l'existence, entre les patrimoines propres de chacun des époux, d'un troisième patrimoine, la communauté, lequel fait l'objet d'un partage entre les époux. Mais comme en vertu du principe de l'article 1409, §2, la communauté est tout entière le gage des créanciers du mari au même titre que les biens du mari lui-même, il résulte que ce troisième patrimoine disparaît, quant aux rapports des époux entre eux, tant que dure la faillite. Ainsi il est juste de dire que, sauf des différences de détail, les divers régimes matrimoniaux arrivent à se fondre en présence de la faillite. Sous tous les régimes il ne s'agit pour la femme que d'une seule chose : défendre ses propres et assurer ses reprises à l'encontre des créanciers de la faillite.

Mais ne pourrait-on pas, et c'est là le second point de notre question, dire avec certains auteurs que, si la séparation de biens est un préliminaire indispensable de l'exercice par la femme de ses droits dans la faillite, c'est un préliminaire légal, qui n'a pas besoin d'être l'objet d'une instance spéciale, en d'autres termes, que la séparation de biens résulte de plein droit du jugement qui déclare la faillite du mari? C'est là l'opinion de MM. Rodière et P. Pont (*Contr. de mar.*, n° 804), qui invoquent à cet égard l'opinion de Roussilhe (t. 2, p. 492), et les dispositions des articles 557 et suivants du Code de commerce. M. Dalloz fait résulter la même solution de la disposition de l'article 1446 du Code civil. (*Rép. contr. de mar.*, n° 1607.)

Si l'on suivait cette opinion, tout ce que nous avons dit jusqu'ici sur cette question de la séparation de biens, sans cesser d'être vrai en théorie, ne mériterait pas de faire l'objet d'un examen sérieux. Mais ce système nous paraît tout à fait inadmissible, et après avoir démontré que la séparation de biens précède d'une antériorité logique ou juridique la naissance des droits de la femme, nous venons soutenir que pratiquement une demande en séparation de biens doit être suivie et obtenue par elle pour qu'elle puisse de là passer à l'exercice de ses droits et reprises.

Voici, en effet, où nous puisons cette conviction : la loi dans les articles 1445 du Code civil et 872 du Code de procédure a organisé la procédure spéciale au moyen de laquelle la séparation de biens doit être poursuivie. Cette procédure, il l'a entourée de garanties extraordinaires propres à assurer la publicité de la demande et du jugement, le tout pour sauvegarder les droits des créanciers. Peut-on croire après cela que le législateur ait détruit d'une main ce qu'il faisait de l'autre en attribuant au jugement déclaratif de faillite, qui ne reçoit qu'une publicité fort restreinte, l'effet exorbitant de produire la séparation de biens. Pour admettre chez le législateur une telle inconséquence, nous voudrions voir des textes bien précis desquels la théorie nouvelle s'induisît facilement. Or, quels sont ces textes ?

Sont-ce les articles 557 et suivants du Code de commerce sur lesquels croient pouvoir s'appuyer MM. Rodière et P. Pont ? — Mais ces articles ne signifient rien au point de vue de notre question : ils indiquent seulement les restrictions qui frapperont les droits de la femme lorsque le mari tombera en faillite ; mais ils laissent subsister tout entière la question de savoir comment et dans quelles conditions ces droits, ainsi restreints, pourront être exercés.

Est-ce l'article 1446 du Code civil indiqué par M. Dalloz ? — Nous ne voyons pas davantage quel argument on peut en tirer ; en effet, l'action qu'il accorde aux créanciers de la femme en cas de faillite ou de déconfiture du mari, pour exercer les actions de leur débitrice, tout en se rapprochant sous certains rapports de l'action en séparation de biens, s'en distingue cependant d'une manière très-remarquable : elle n'enlève pas au mari ni à ses créanciers le droit de *jouir* des biens de la femme[1]. En outre, si l'on veut lire dans cet

[1] Marcadé n'admet cette différence que sous réserve. V. Marc. sur l'article 1446.

article que la faillite produit *ipso facto* la séparation
de biens, il faut dire aussi que le même effet est
attribué par la loi à la déconfiture. Car la loi ne
distingue pas. Or, c'est ce qui n'est admis par personne ; aucun jugement ne déclarant la déconfiture, il est impossible de dire que les créanciers
agissent dans ce cas en vertu d'une séparation de
biens préexistante. Bien plus, cet article se tourne
contre ceux qui l'invoquent. En effet, il est bien
évident qu'il n'aurait pas sa raison d'être si la
séparation de biens résultait comme on le
dit de la faillite même. Les créanciers n'auraient pas besoin d'une disposition spéciale pour
bénéficier d'un état créé par la loi elle-même.
C'est au contraire *parce qu'il* n'y a pas séparation
de biens que la loi accorde aux créanciers le bénéfice de l'article 1446.

Aussi, dans la pratique, les femmes des faillis
ne manquent-elles pas de poursuivre leur séparation de biens que les tribunaux n'ont jamais sup-
posé avoir été opérée de plein droit [1].

Pour terminer cette question de la séparation
de biens, préliminaire nécessaire des actions de la
femme dans leur faillite, il nous suffit d'indiquer
en deux mots une difficulté soulevée par l'application à notre matière de l'article 1444 du Code

[1] V. notamment l'arrêt de la C. de cass. du 27 juin 1842.

civil. Cet article dispose, en effet, que la séparation de biens est nulle si elle n'a point été exécutée par le paiement réel des droits et reprises de la femme, ce qui s'entend en pratique d'un commencement au moins de poursuites à fin d'exécution. Ici, comme, d'une part, la lenteur des opérations d'une faillite rendent d'ordinaire impossible le paiement effectif des reprises dans la quinzaine, et d'autre part, comme la femme ne peut agir contre son mari, tant à cause du désaisissement de ce dernier que de la déchéance du droit de poursuite individuelle, il devient impossible d'appliquer à la lettre la disposition de l'article 1444. Mais tous les auteurs considèrent comme suffisant que la femme remette ses titres aux syndics, pour que le jugement soit réputé exécuté dans le sens de l'article 1444 du Code civil.

Ces questions préliminaires résolues, il s'agit maintenant de rechercher quels sont les droits que la séparation de biens permet à la femme d'un failli de faire valoir et les reprises qu'elle lui laisse la faculté d'exercer. C'est ici que nous allons abor-der l'étude des dispositions comprises dans la section IV du chapitre VII du titre des faillites, laquelle est véritablement le siége de notre matière.

Dans le droit commun, la femme séparée de biens judiciairement, peut exercer contre son mari deux sortes de reprises : 1° Elle peut agir en revendication pour obtenir la restitution en nature de ses biens propres; 2° elle peut poursuivre son mari en qualité de créancière pour se faire payer les sommes qui lui sont dues. En d'autres termes, elle peut invoquer soit des droits réels, soit des droits personnels. Dans ce dernier cas, elle a, en outre, la garantie réelle accessoire de l'hypothèque légale.

La séparation de biens qui est prononcée à la suite de la faillite, laisse la femme en possession de ses deux sortes de droits; il sont profondément altérés par suite du droit exceptionnel qui fait rejaillir sur elle les conséquences de l'état dans lequel se trouve le mari vis-à-vis de ses créanciers; mais ils existent toujours et doivent encore, malgré la faillite, être distingués avec soin. Lors, en effet, que la femme excipe d'un droit réel, elle se trouve placée dans cette catégorie d'ayant-cause de la faillite dont les droits, quand les justifications requises en ont été produites, ne subissent pas les vicissitudes de la faillite, et auxquels la loi conserve le bénéfice de la *revendication*; de ce chef, l'étude des droits de la femme devrait se trouver à la suite du chapitre X *de la revendication* auquel elle ajouterait un cinquième cas. Quand, au contraire, la femme argumente d'un droit personnel, elle est rejetée au rang des créanciers de la faillite, et, en cette qualité, elle n'a droit qu'à un dividende, sauf la ressource particulière de l'hypothèque légale, s'il y a échet. Sous ce rapport, notre section fait naturellement partie du chapitre VII qui traite des différentes espèces de créanciers et de leurs droits en cas de faillite.

En étudiant cette section, nous y rétablirons la distinction fondamentale qui est la division naturelle de la matière, en considérant la femme d'abord comme revendiquante, puis comme créancière.

CHAPITRE II.

DE LA REVENDICATION DE LA FEMME.

Le Code de commerce s'étant contenté d'apporter certaines dérogations aux règles du droit commun, il faut pour les comprendre connaître bien complétement ces règles de droit commun : de là résulte l'utilité de rappeler, au moins sommairement, les principes du Code civil sur la matière des reprises en nature.

I. *Quels biens peuvent être repris en nature.* — D'après les règles du droit commun, peuvent être réclamés en nature par chacun des époux, les biens qui lui sont demeurés *propres*[1] dans le sens le plus

---

[1] Ici nous ne prenons pas le mot *propre* dans le sens technique qui y est attaché en matière de communauté.

rigoureux du mot, c'est-à-dire ceux qui ne sont en aucune façon sortis de son patrimoine.

Faisons l'application de ce principe aux différents régimes matrimoniaux.

1° *Du régime de communauté*. — D'après les règles du droit commun, chacun des époux a le droit de reprendre ses *propres*, c'est-à-dire les biens qui n'ont pas été mis en communauté. Il y aurait mise en communauté et, par conséquent, perte de la condition de propre, même si la communauté n'acquérait le bien qu'à charge de récompense. Dans ce cas, le bien n'ayant plus été envisagé au contrat comme un corps certain, mais comme une chose fongible, il résulterait, pour celui des époux qui l'aurait apporté en mariage, non plus un droit réel mais bien un droit personnel en reprise. Comment apprécie-t-on la véritable nature de la reprise? Il faut distinguer pour cela entre les immeubles et les meubles.

Propres immobiliers. — Les immeubles qui se trouvent compris dans l'une des catégories établies par les articles 1401 et suivants, sont réputés, jusqu'à preuve du contraire, avoir conservé leur qualité de propres parfaits. Rappelons, brièvement, en les énumérant, les différentes causes indiquées par la loi comme pouvant donner aux époux des immeubles propres; ce sont : 1° la propriété ou possession antérieure au mariage, quand d'ailleurs la date de l'acquisition ne se place pas entre le contrat de mariage et le mariage lui-même ; 2° la succession ; 3° la donation personnellement faite à l'un des époux ; 4° la cession de biens faite par un ascendant dans l'hypothèse prévue par l'art. 1406 ; 5° l'échange d'un propre ; 6° le remploi de ce propre ; et 7° l'acquisition de tout ou partie de l'immeuble indivis dont l'un des époux est copropriétaire [1]. Cependant les immeubles eux-mêmes peuvent perdre leur qualité de propres, lorsque la communauté en est devenue propriétaire par une clause spéciale d'ameublissement.

Des propres mobiliers. — La distinction que nous avons indiquée entre les biens qui conservent rigoureusement leur qualité de propres et ceux qui entrent dans la communauté en laissant à l'époux une créance égale à leur valeur, trouve ici toute son importance. S'il peut, en effet, exister des biens mobiliers qui demeurent *propres,* dans la force du terme, il arrive aussi très-souvent qu'ils ne conservent pas véritablement cette qualité ; en sorte qu'il faut distinguer, en fait de meubles, deux sortes de propres : les *propres parfaits* qui restent la propriété de l'époux, pour être

---

[1] Marc., t. v, p. 489.

repris en nature comme les propres immobiliers eux-mêmes [1], et les *propres imparfaits* qui entrent dans la communauté en laissant à l'époux une créance égale à la valeur de l'objet. Comment maintenant est-il possible de distinguer l'une de l'autre ces deux catégories de propres? Car ici n'existe point la présomption dont nous avons parlé pour les immeubles. Nous n'avons pas à discuter ici cette question assez délicate : suivant nous, elle doit être décidée en fait. On doit rechercher en fait si les parties ont considéré les meubles dont il s'agit comme des corps certains ou bien comme des choses fongibles : dans le premier cas, l'époux a pour les reprendre une action en revendication; dans l'autre, il n'a pour en réclamer la valeur qu'une simple créance.

2° *Du régime d'exclusion de communauté.* — Sous l'empire de ce régime, les distinctions que nous avons posées n'ont plus leur raison d'être. Les époux demeurant toujours propriétaires de leurs biens, meubles et immeubles, ne peuvent en exercer la reprise qu'en nature, *reivindicationis modo*. Une seule exception est apportée à ce principe; elle est formulée par l'article 1532 : « Si dans le mobilier apporté en dot par la femme ou qui lui échoit pendant le mariage, il y a des choses

---

[1] Nous aurons l'occasion de reparler des propres mobiliers parfaits. V. p. 108.

7

dont on ne peut faire usage sans les consommer, il en doit être joint un état estimatif au contrat de mariage, ou il en doit être fait inventaire lors de l'échéance, et le mari en doit rendre le prix d'après l'estimation. » Sauf cette seule hypothèse, où la nature spéciale du mobilier apporté en dot par la femme la réduit à n'avoir pour répétition de ce mobilier qu'une action personnelle, c'est toujours l'action en revendication qui lui appartient sous le régime de l'exclusion de communauté pour le recouvrement de ces reprises.

Nota. — Mais il en serait autrement si le mari était devenu débiteur de sa femme, par quelque cause survenue postérieurement au mariage, notamment si, par son fait, les biens de sa femme avaient été détruits ou détériorés.

3° *Régime dotal.* — Sous ce régime, la distinction que nous avons faite au commencement de ce chapitre reprend une grande importance. La loi, en effet, dans les articles 1551, 1552 et 1553, dispose que, suivant les cas, la femme aura contre son mari un droit de créance pour la répétition de sa dot ou bien une action en revendication ; en même temps, elle établit des règles fixes et précises au moyen desquelles il est aisé de distinguer ces cas.

4° *Séparation de biens.* — La femme séparée de biens conservant la propriété de tous ses biens, sans exception, elle peut toujours en exercer la reprise en nature.

II. *Quels sont les moyens légaux par lesquels, dans le droit commun, la femme peut prouver la consistance de ses propres ?* — Nous allons, pour répondre à cette question, reprendre l'ordre que nous venons de suivre et passer brièvement en revue les différents régimes matrimoniaux.

1° *Communauté.* — Quant aux immeubles, la loi pose cette présomption que tout immeuble est réputé acquêt de communauté, s'il n'est prouvé que l'un des époux en avait la propriété ou possession légale antérieurement au mariage, ou qu'il lui est échu depuis à titre de succession ou de donation. (Article 1482.) Cet article répond à notre question quant à la manière de prouver l'existence des trois premières causes de propres que nous avons énumérées ci-dessus ; pour elle, rien n'est plus simple ; la présomption de l'article 1402 existe, il est vrai, mais tous les moyens sont bons pour la combattre ; le titre d'acquisition peut être produit et même le témoignage oral lorsqu'il s'agit d'établir la propriété ou la possession antérieure au mariage serait parfaitement admis [1]. Nous en pouvons dire autant de la quatrième cause de propres : cession de biens faite par ascendant dans l'hypothèse prévue par l'article

[1] V. Marcadé sur l'art. 1492, VII, *in fine,* et les nombreux arrêts cités par lui.

1406. La production du titre de cession suffit à établir la propriété du bien cédé. Quant à la septième cause de propres, à savoir l'acquisition de tout ou partie de l'immeuble indivis dont un des époux est propriétaire, c'est évidemment un cas analogue au premier et qui doit être régi par les mêmes principes. En un mot, dans tous ces cas, rien n'est plus facile que d'établir la consistance des biens dont on veut exercer la reprise.

La question se complique quelque peu lorsqu'il s'agit d'établir la subrogation dans la qualité de propre par voie d'échange ; il faut tout d'abord prouver la qualité de propre de l'immeuble échangé, ce qui se fait par les moyens indiqués ci-dessus. Quant à la subrogation de l'immeuble acquis en contre-échange, le titre dressé pour constater le contrat suffit à l'établir. Reste une dernière cause de preuves, c'est le remploi ; nous verrons tout à l'heure comment, dans le droit commun, il doit être établi.

Pour les propres mobiliers, la question est plus délicate à cause de la nature des effets mobiliers lesquels peuvent être facilement transportés d'un lieu à l'autre, défigurés ou confondus avec d'autres biens de même nature. Il ne suffit donc point, quant à eux, de produire le contrat de mariage qui les a réservés propres à la femme, ni d'établir la volonté du testateur que les objets légués restassent propres à l'épouse légataire. Ce qu'il importe de prouver, c'est la consistance des objets mobiliers réservés ou donnés à titre de propres. Pour cela il faut distinguer entre le mobilier apporté par la femme en mariage et celui qui lui est échu pendant le mariage. Quant au premier il est réputé acquêt de communauté lorsque l'individualité n'en est pas établie par un acte écrit ; mais l'authenticité de l'acte n'est pas requise. Pour le mobilier échu pendant le mariage et non constaté par un inventaire, la femme ou ses héritiers sont admis à faire preuve, soit par témoins, soit même par commune renommée, de la valeur de ce mobilier. (Article 1504.) Le droit si large accordé à la femme dans cette hypothèse est en quelque sorte une punition infligée au mari pour sa négligence. Il aurait dû faire dresser inventaire des effets mobiliers échus à sa femme, et celle-ci ne doit pas, *à son égard,* souffrir de son défaut de soins.

Nous arrivons maintenant à la septième cause de propres immobiliers, au *remploi.* On appelle ainsi une fiction de la loi en vertu de laquelle des biens acquis pendant le mariage sont subrogés *réellement* au lieu et place d'un propre parfait aliéné, d'ordinaire d'un immeuble. Si nous l'avions momentanément omis, c'est que nous voulions en même temps parler des immeubles acquis en *emploi,* c'est-à-dire avec des deniers demeurés propres, ou provenant de la vente de propres mobiliers imparfaits. Que faut-il pour que dans le droit commun il y ait *emploi* ou *remploi* constituant un propre ? 1° Il faut quant au *remploi* aux termes de l'article 1435 du Code civil qu'il ait été déclaré au contrat que les deniers provenaient du propre vendu par la femme et pour lui servir de *remploi*. Quant à l'*emploi*, des déclarations analogues devraient être faites. (Nous nous bornons ici à énoncer notre opinion sans rien discuter). 2° Il faut que cet *emploi* ou ce *remploi* ait été formellement accepté par la femme avant la dissolution de la communauté, faute de quoi un simple droit de créance lui est accordé. — Quant à l'origine des deniers qui ont servi à l'acquisition, elle résulte de la déclaration faite par le mari dans l'acte.

2° Sous le régime d'*exclusion de communauté*, la femme qui, après la dissolution de l'association conjugale, veut reprendre ses biens ne rencontre dans le droit commun aucune présomption qu'il lui faille combattre. C'est ainsi pour les immeubles acquis pendant le mariage qui lui sont attribués si le contrat porte qu'ils ont été acquis par elle; quant aux meubles qu'elle prétend avoir apportés en dot, la femme peut en prouver la consistance par toutes sortes de moyens[1].

3° Sous le régime de *la séparation de biens* le système de preuves est identiquement le même.

[1] Marc., sur l'art. 1534, III.

4° Sous le *régime dotal* au contraire, la femme qui veut exercer la reprise de sa dot en nature doit avant tout faire certaines justifications expressément indiquées par la loi. Quant aux immeubles qu'elle réclame elle doit prouver que le contrat de mariage n'en a pas transféré la propriété à son mari; quant aux meubles, qui n'ont pas été estimés par le contrat, ou, si cette estimation a été faite, qu'il a été déclaré que cette estimation n'en faisait pas vente. (Art. 1551 et 1552.) Cette preuve préliminaire une fois faite, la consistance des valeurs mobilières doit être établie, mais, pour cette preuve, aucun mode spécial n'est imposé à la femme ni à ses héritiers, sauf la présomption de l'art. 1569.

De cet exposé rapide des principes du droit commun relatifs à la reprise de la dot, nous pouvons tirer cette conclusion, que la femme pour l'exercer n'est jamais obligée de prouver son droit au moyen d'actes authentiques, et que même dans certains cas, la représentation d'un acte sous seing privé n'est pas requise.

SECTION II.

La faillite apporte aux règles du droit commun que nous venons de rappeler un certain nombre de dérogations importantes. Rien sans doute n'est changé au fond du droit de la femme; quel que soit le régime adopté dans le contrat de mariage, son droit de revendiquer les objets dont elle a conservé la propriété, demeure en principe le même. Mais la loi, craignant que les époux ne s'entendent pour soustraire aux créanciers, en les attribuant à la femme, tout ou partie des effets qui constituent leur gage, arme ces créanciers de certaines présomptions sévères qui n'auraient pas leur raison d'être dans les rapports des époux entre eux. Pour les détruire, la loi oblige la femme revendicante à fournir à l'appui de ses demandes des preuves d'une nature toute particulière.

§ I. *Revendication des immeubles.* A. 557.

Toutefois, lorsque la femme revendique des immeubles qu'elle prétend avoir apportés en mariage ou avoir acquis postérieurement au jour de la célébration par donation ou succession, le système du droit commun n'est en rien modifié. C'est ce qu'exprime implicitement l'article 557 :

Art. 557. « En cas de faillite du mari, la femme dont les apports en immeubles ne se trouveraient pas mis en communauté, reprendra en nature lesdits immeubles et ceux qui lui seront survenus par succession ou par donation entre vifs ou testamentaire. »

Ainsi donc la femme pourra reprendre tous les

immeubles qui, suivant les règles du droit commun lui sont demeurés propres et, pour exercer ces reprises, il lui suffira de fournir les preuves de droit commun. Si rien dans cette première hypothèse n'a été changé aux règles ordinaires, c'est que la nature du droit réclamé par la femme ne peut faire naître l'idée d'un concert frauduleux établi entre elle et son mari, dans le but de tromper les créanciers.

Mais nous devons faire observer que, l'ameublissement des immeubles les faisant tomber dans la communauté, la reprise, aux termes mêmes de notre article, ne peut plus, s'il a eu lieu, s'opérer en nature. La femme n'a plus alors qu'un simple droit de créance, qui reste tel malgré la disposition de l'article 1509 du Code civil. Peu importe, en effet, que l'époux, auteur de l'ameublissement, puisse, sous l'empire du droit commun, se faire payer, avec les immeubles qu'il a apportés en dot, le montant de sa créance. Cette *datio in solutum* ne change point la nature de son droit et ne le transforme pas en une revendication : donc, la femme, malgré la disposition de l'article 1509, n'a jamais dans la faillite qu'une créance à produire et qu'un dividende à attendre[1], et s'il elle peut encore iuvoquer le bénéfice de l'article 1509, ce ne sera

---

[1] Sauf, dans certains cas, la ressource de l'hypothèque légale.

du moins que pour se faire payer sa créance réduite à un simple dividende.

Une seconde remarque peut être faite sur notre
article 557. La loi ne distingue pas entre les immeubles donnés suivant que le donateur est un
parent de la femme ou bien un étranger ; dans
tous les cas, la reprise en nature est possible. Le
projet du Code de 1808 ne l'accordait pas, si le
donateur n'était un parent en ligne directe ou collatérale de la femme [1]. On craignait que dans la
donation faite à la femme, celle-ci ne fût qu'un
prête - nom pour déguiser le mari, véritable donataire ; mais on comprit que la crainte d'une
fraude, dont la preuve serait toujours possible et
qui, du reste, pouvait se présenter, quelle que fût la
situation de parenté du donateur vis-à-vis du donataire, ne suffisait pas pour que l'on frappât la
femme du failli de l'incapacité de recevoir ; aussi
le dernier membre de phrase, « tant en ligne directe que collatérale, » disparu de la rédaction
définitive.

Ainsi, le droit commun n'est en rien modifié
par l'article 557. D'après les règles ordinaires, tant
que la femme n'a pas prouvé que les biens réclamés par elle lui appartenaient antérieurement au
mariage ou lui sont échus pendant le mariage par
quelqu'une des causes constitutives de propres,
elle ne peut les reprendre parce qu'ils sont répu-

[1] Locré, t. XIX, p. 257.

tés biens de communauté. Ces règles subsistent quand se produit la faillite qui alors n'a qu'un résultat, celui de changer l'attribution de la communauté laquelle est alors dévolue aux créanciers.

L'article 557 est donc très-simple, cependant il ne doit pas être entendu sans un certain tempérament. Si on le prenait à la lettre, il faudrait dire que, si les biens ne sont pas devenus communs, ils sont *toujours* à l'abri des poursuites des créanciers. Ceci pourtant n'est pas rigoureusement exact. Nous avons vu dans l'analyse rapide que nous avons faite des dispositions de droit commun qui ont trait à notre matière, que l'immeuble apporté par la femme, sous le régime dotal, peut être transporté au mari par le contrat de mariage (art. 1552), tandis que la femme ne conserve du chef de cet immeuble qu'une action personnelle en reprise. Dans cette hypothèse, bien que cet immeuble ne soit pas devenu *commun*, nul doute qu'il ferait partie du gage des créanciers de la faillite. Si l'article 557 ne le dit pas expressément, c'est que le législateur a eu particulièrement en vue le régime de communauté; mais sous le régime dotal une décision analogue doit évidemment être admise.

§ II. *Revendication des propres mobiliers parfaits.*
A. 560.

Nous rattacherons à l'étude de cet article l'examen d'une question de droit civil que nous n'avons

fait qu'effleurer en commençant ce chapitre. Elle
a trait à la distinction que nous avons précédemment posée entre les propres mobiliers *parfaits*
et les propres mobiliers *imparfaits;* les premiers
qui donnent droit à une action en revendication, les seconds pour la reprise desquels la loi
n'accorde qu'une action personnelle, une simple
créance.

Avant la loi de 1838, c'était une question fort
controversée que celle de savoir s'il pouvait véritablement y avoir des propres mobiliers parfaits.
De nombreux auteurs soutenaient que la *clause de
réalisation* ne pouvait donner rien de plus qu'un
droit de créance ; on citait à l'appui de ce système
l'opinion de Pothier qui se dégage clairement du
passage suivant : « L'effet de la clause de réalisa-
» tion est, que les biens mobiliers des conjoints
» qui sont réalisés par cette clause, sont réputés
» immeubles et propres conventionnels à l'effet
» d'être exclus de la communauté et d'être con-
» servés au conjoint seul qui les a réalisés. Il y a
» néanmoins une grande différence entre les vé-
» tables immeubles qui sont propres réels de
» communauté et ces propres conventionnels. La
» communauté a seulement la jouissance des im-
» meubles réels qui sont propres de communauté ;
» mais ils ne se confondent pas avec les biens de
» la communauté ; le conjoint à qui ils appartien-

» nent, continue, durant le mariage, d'en être
» seul propriétaire comme il l'était avant le ma-
» riage; et, en conséquence, le mari ne peut
» aliéner les propres réels de communauté de sa
» femme, sans son consentement; au contraire,
» les biens mobiliers réalisés ou propres conven-
» tionnels *se confondent dans la communauté avec*
» *les autres biens mobiliers de la communauté*, qui
» est seulement chargée d'en restituer, après sa
» dissolution, la valeur à celui des conjoints qui
» les a réalisés... [1] »

Dans le droit intermédiaire, Merlin et, sous sous l'empire du Code, Delvincourt avaient admis la théorie professée par Pothier. Les partisans de ce système, depuis le Code, s'appuyaient principalement sur l'article 1503 du Code civil qui, disait-on, décide qu'après la dissolution du mariage chaque époux n'a que le droit de reprendre la *valeur* des objets exclus par lui de la communauté.

D'autres auteurs, au contraire [2], enseignaient qu'il y a des propres mobiliers pouvant être repris en nature comme les propre mobiliers eux-mêmes. Ils se fondaient en particulier sur l'article 1401 du Code civil qui, en termes formels, *exclut*

---

[1] Pothier, *Traité de la Communauté*, part. 1re, chap. III, sect. 2, art. 1er.

[2] Toullier (XIII, 326), Duranton (XIV, 318), etc.

de la communauté le mobilier donné à l'un des époux pendant le mariage, lorsque le donateur a exprimé la volonté que les meubles donnés lui restassent propres. Or, ne permettre pas à l'époux donataire de reprendre ces effets en nature, mais lui accorder seulement une action personnelle en reprise contre la communauté, c'était violer ouvertement le texte de l'article. On aurait pu dire, en outre, que l'article 1503 n'a aucun trait à la question ; en effet, tout le monde est d'accord pour ne pas considérer comme des propres mobiliers parfaits ceux qui ont été apportés par l'un des époux comme paiement d'un apport numérique qu'il s'est engagé à faire à la communauté. Or, c'est là précisément le cas prévu par l'article 1503. La loi suppose (articles 1500 et 1501) que les futurs conjoints ont réciproquement stipulé qu'ils mettraient du mobilier en communauté jusqu'à concurrence d'une certaine somme, et se sont, par là même, rendus débiteurs de cette somme envers la communauté. Dans ce cas, il est entendu entre les parties que tout le mobilier venant à la communauté, du chef de l'un des époux, sera porté en déduction ou jusqu'à due concurrence de cette créance de la communauté. Si, lors de la dissolution de la communauté, l'on estime que les effets mobiliers ont dépassé le chiffre de cette créance, chaque époux a le droit de prélever une somme représentative de la différence (article 1503).

On disait encore en faveur de cette seconde opinion : pourquoi la clause par laquelle des époux auraient voulu *réaliser* des mesures dans le sens exact du mot, ne serait-elle pas respectée ? Elle n'a rien de contraire à l'ordre public et aux bonnes mœurs, et, dès lors, elle doit faire la loi des parties.

Cependant parmi les auteurs qui niaient en principe l'existence de propres mobiliers parfaits, beaucoup, et Pothier lui-même[1], reconnaissaient que certains meubles d'une nature particulière pouvaient avoir conservé cette qualité. Ainsi, on admettait que les portraits de famille, les manuscrits ou correspondances, les bijoux... pouvaient être repris en nature. C'est même en ce sens que paraît avoir été rédigé l'article 554 de l'ancien Code de commerce qui accordait à la femme le droit « de reprendre les bijoux, diamants et vaisselle qu'elle pourrait justifier par état légalement dressé annexé aux actes ou par bons et loyaux inventaires, lui avoir été donnés par contrat de mariage ou lui être advenus par succession seulement[2]. »

Tel était l'état de la question des propres mo-

---

[1] *Traité de la Communauté*, n° 682.
[2] V. Boulay-Paty sur l'ancien article 554.

biliers lorsqu'on s'occupa de réformer la loi sur les faillites. Dans le projet de 1838, l'ancien article 554 était profondément modifié et la commission proposait de le remplacer par une disposition qui permît à la femme de reprendre en nature tous les objets mobiliers qui lui seraient demeurés propres, pourvu que l'origine et l'identité en fussent suffisamment constatées. Ce projet était une négation directe des principes admis par Pothier, Merlin et Delvincourt; aussi rencontra-t-il, lors de la discussion, des oppositions sérieuses et déterminées. Plusieurs orateurs, et notamment le garde des sceaux, M. Persil, l'attaquèrent avec vigueur. Néanmoins le projet du gouvernement passa dans son intégrité; le vote du nouvel article vint ainsi trancher d'une manière indirecte la question de droit civil que nous venons d'exposer brièvement. En effet, si la femme peut en cas de faillite de son mari reprendre dans leur nature et individualité les meubles qui ne sont pas tombés en communauté, qui lui sont demeurés *propres,* on ne voit pas comment le même droit ne lui appartiendrait pas lorsque l'union pécuniaire des époux vient à se dissoudre dans des conditions ordinaires [1].

[1] V. arrêt C. Cass. 16 juillet 1856 (Dev. 56, 1. 865). — Cependant quelques auteurs persistent, malgré l'arrêt 560, à considérer comme impossible en droit commun la reprise des meubles en nature; ils voient dans cet article une exception créée

Venons maintenant à l'étude de l'article 560 envisagé au point de vue commercial; il est, relativement aux meubles, la contre-partie de l'article 557. La loi y suppose que la femme a des propres mobiliers pour la reprise desquels elle aurait sous l'empire du droit commun une action en revendication. Elle laisse intacte et en-

pour le cas spécial de la faillite : En principe, disent-ils, la femme n'a qu'une créance et dans certains cas la disposition de l'article 560 « est une faveur pour la femme à laquelle il est plus facile et plus sûr d'exercer une reprise en nature que de faire liquider une créance; mais aussi relativement aux meubles meublants et à ceux qui sont à l'usage personnel des époux la reprise en nature après un long usage des objets repris, peut être moins avantageux qu'une créance représentative de la valeur du mobilier au jour où il est échu à la femme. » (*Droit comm.*, Massé, t. 3, p. 375.) Ce même auteur ajoute que si la femme ne parvient pas à faire preuve suivant le mode indiqué par la loi, il lui reste la *créance de droit commun* protégée en certains cas par une hypothèque légale. C'est toujours le même système. — Pour nous qui pensons que dans le droit commun le droit de reprise en nature existe très-certainement et dans les mêmes cas que sous l'empire de la loi des faillites, nous ne pouvons admettre que la femme après avoir échoué dans sa revendication pour défaut des preuves indiquées par la loi, puisse invoquer un droit de créance qui ne lui est pas conféré par le drcit commun. Or la femme ne peut avoir un droit de créance pour la reprise de sa dot mobilière que : 1º si elle prétend que les propres mobiliers par elle apportés en dot ou provenant de donations ou successions ont été, eu égard à leur nature, à leur état, considérés à l'origine comme choses fongibles. Mais elle ne saurait émettre cette prétention après avoir soutenu d'abord qu'elle avait apporté en dot des corps certains; 2º si elle soutient que les meubles propres apportés par elle ont été détruits ou détériorés par la faute du mari, et qu'il s'en est ainsi rendu comptable, ou bien qu'ils ont été vendus et que le prix en a été touché par la communauté. — Nous reviendrons plus loin sur cette question.

tièrement soumise aux règles ordinaires la question de savoir quels sont les cas où ces propres existent. Jusque-là rien de changé au système du droit commun.

Mais voici où commence ce qu'il y a de spécial à la faillite : c'est lorsqu'il s'agit pour la femme d'établir l'identité des objets qu'elle réclame. Là où le droit commun autorisait la preuve par un simple inventaire sous seing-privé et même par témoins ou par commune renommée, alors que dans certain cas il n'était besoin d'aucune justification [1], le législateur de 1838 a exigé impérativement un titre et un titre authentique comme preuve de la consistance des objets réclamés. « D'après le Code civil, disait à la Chambre des » députés le rapporteur M. Dufaure, la preuve » était très-facile. Nous avons voulu qu'en droit » commercial la preuve fût beaucoup plus diffi- » cile; et tandis que, d'après le droit civil, la » femme pouvait prouver par témoins et même » par commune renommée l'identité des objets

---

[1] *Jugé* que la femme mariée sous le régime de la séparation de biens et dont le contrat de mariage porte que tout le mobilier garnissant les lieux par elle habités, sera réputé être sa propriété, sans qu'elle puisse être tenue d'aucune justification, ne peut néanmoins au cas de faillite du mari revendiquer les effets mobiliers existant au jour de la faillite qu'autant qu'elle justifie par inventaire ou acte authentique de leur identité avec ceux qu'elle a apportés en dot ou qui lui sont échus par succession, donation ou legs. — C. Paris, 9 février 1867. (S. 67, 2, 309.)

» qu'elle réclamait, nous avons voulu, à cause de
» la sécurité due au commerce, qu'elle ne pût
» prouver sa propriété que par des actes authenti-
» ques ou par des inventaires réguliers; mais nous
» n'avons pu vouloir que lorsqu'il était démontré
» *que la femme était propriétaire*, il fût permis
» d'accorder aux créanciers la faculté de récla-
» mer des meubles qui n'appartenaient pas à leur
» débiteur, qui n'étaient pas leur gage. Respect
» avant tout au *droit de propriété*, voilà ce que
» nous réclamons [1]. »

En conséquence, dans l'acte dressé pour établir la consistance des effets mobiliers, l'authenticité est de rigueur. On considère que la reprise en nature est chose si préjudiciable aux créanciers qu'il est indispensable de les protéger contre les fraudes qui pourraient être pratiquées contre eux en exigeant la garantie de l'acte authentique. La présence de cet acte, au contraire, fait disparaître bien des craintes. En effet, il a d'abord date certaine; donc il n'y a pas à craindre qu'un inventaire, semblant par sa date apparente remonter à une époque reculée, ne fût en réalité qu'un inventaire de la veille, dressé pour les besoins de la cause et dans le dessein de soustraire aux créanciers du mari, en le transportant à la femme, le mobilier qui formait une partie de leur gage. Ensuite, c'est

---

[1] Séance du 25 février 1835.

un acte publié et, à ce titre, il doit inspirer une bien plus grande confiance que l'acte sous seing-privé ; le contrôle de l'officier public, la crainte des pénalités si graves qui menacent le faussaire, rendent absolument improbable la pensée d'une fraude concertée à l'avance entre les conjoints pour tromper les créanciers.

Maintenant quels sont les actes authentiques, autres que l'inventaire, à l'aide desquels la femme peut, conformément à l'article 560, faire preuve de la propriété des meubles qu'elle veut reprendre? La jurisprudence admet, et suivant nous avec raison, que, du moment que la consistance des objets est établie par un acte authentique quelconque, la femme doit être admise au bénéfice de l'article 560 ; c'est ainsi qu'il a été plusieurs fois jugé que le contrat de mariage dans lequel la femme s'est constituée des meubles corporels décrits et spécifiés par cet acte, est un titre suffisant pour autoriser la demande de la femme [1]. Il est vrai que de pareilles déclarations peuvent parfois couvrir des simulations et des exagérations dans le chiffre de la dot, et que les époux emploient fort souvent ce moyen pour se faire mutuellement des libéralités indirectes ; mais il n'en est pas moins vrai que, l'acte étant revêtu du caractère d'authenticité, on ne peut rien exiger de plus, et qu'en l'absence

[1] Rej. 21 fév. 1827.

d'une fraude prouvée, il doit être ajouté foi au contrat, même en cas de faillite. Certains auteurs, en admettant cette opinion, et pour mieux la soutenir, disent que le contrat de mariage a en cette matière une force toute spéciale, parce qu'au moyen de la publication de ce contrat faite conformément aux dispositions des articles 67 et suivants du Code de commerce, les tiers ont connaissance des conventions matrimoniales et qu'il doit leur être imputé à faute de n'avoir pas, avant de contracter, vérifié la sincérité des déclarations contenues au contrat de mariage[1]. L'argument, il faut le dire, est sans valeur et ne saurait en rien fortifier le raisonnement présenté plus haut; en effet, la publication du contrat de mariage se fait au moyen de simples extraits dans lesquels on se borne à indiquer quel est le régime adopté par les époux, sans entrer dans le détail des conventions matrimoniales. Aucun moyen de connaître ces conventions n'est d'ailleurs mis à la disposition des tiers.

En dehors du contrat de mariage, l'état estimatif annexé à une donation d'effets mobiliers peut être encore invoqué pour faire preuve. Cette pièce, comme tout ce qui touche aux donations, est revêtue de la forme authentique. Cela suffit pour que le vœu de la loi soit accompli.

En matière de donation testamentaire, le juge-

[1] Dalloz, *Rép.*, n° 1091.

ment qui ordonne la délivrance d'un legs mobilier à titre particulier, pourrait être, suivant nous, invoqué pour faire preuve de la consistance des objets compris dans ce legs. Il en serait de même en cas de succession légale ou testamentaire, de l'acte de partage dressé devant notaire ou du jugement de liquidation et partage, homologuant les projets d'abandonnements proposés par le notaire dans l'état liquidatif, pourvu, bien entendu, que cet acte de partage ou cet état liquidatif continssent une énumération détaillée des objets compris dans la succession échue personnellement à la femme.

En résumé, lorsque la femme veut exercer dans la faillite la reprise *en nature* des objets mobiliers dont elle prétend avoir conservé la propriété, elle est tenue de faire la preuve au moyen *d'actes authentiques*. Telle est la forme légale au moyen de laquelle elle doit établir l'origine et l'identité des objets qu'elle réclame. « S'il y a difficulté pour » en reconnaître l'identité, disait M. Dufaure, » au nom de la commission dans la séance de » la Chambre des députés du 23 février 1835, la » femme seule en sera victime; s'il y a doute » quant à cette identité, elles (les reprises) ne » lui seront pas accordées. »

Nota. — Nous devons, néanmoins, faire remarquer que, d'après l'article 560, ces règles rigoureuses souffrent exception quant aux habits et linges à l'usage personnel de la femme. Ces objets peuvent, dans tous les cas, être remis à la femme par les syndics avec l'approbation du juge commissaire.

§ III. *Biens acquis en emploi ou remploi de biens propres réservés par le contrat de mariage, ou provenant de successions, donations ou legs. A. 558.*

Il peut se faire que des biens soient échus à la femme ou aient été apportés par elle en mariage dans les circonstances que nous venons d'étudier sous les deux précédents paragraphes, et que néanmoins, ces biens ne puissent plus être repris en nature, parce qu'ils ont disparu pendant le mariage et qu'ils n'existent plus dans leur individualité. Est-ce à dire que la femme ne pourra plus avoir, à l'occasion de ces biens, aucune action réelle contre la faillite ?

Nous avons vu, en rappelant sommairement les règles du droit commun sur cette matière, que l'époux peut conserver une action en revendication nonobstant la disparition des biens propres, lorsque d'autres biens ont été acquis dans certaines conditions au moyen desquelles la qualité de de propres leur a été transférée. C'est le cas de subrogation réelle, par voie de remploi ou par voie d'échange.

Bien plus, il peut arriver qu'une action en reprise cesse d'être une action personnelle pour devenir une action réelle : c'est lorsqu'il y a *emploi*.

Lorsque la faillite du mari vient à se produire les droits résultant pour la femme de ces différentes opérations, ne sont point détruits; ils sont seulement modifiés, en ce sens qu'ils sont soumis à certaines conditions spéciales.

1° *De l'emploi*. Nous définissons l'emploi, une opération par laquelle on affecte à l'acquisition d'un bien immobilier des deniers ou des choses fongibles qui appartiennent à l'un des époux ; elle a pour objet de transformer l'action personnelle en reprise en une action réelle. Ceci se rattache à la distinction que nous avons essayé de préciser entre les propres mobiliers parfaits et les propres mobiliers imparfaits. Un propre mobilier imparfait, nous l'avons dit plus haut, ne peut être repris en nature, dans son individualité, parce qu'en réalité il n'a pas d'individualité, ou du moins qu'il n'en a pas eu dans l'esprit des parties. Mais il peut se faire que ce bien qui n'en avait pas d'abord, en revête une ensuite par voie d'emprunt. C'est lorsqu'il en est fait *emploi*; c'est-à-dire lorsqu'il sert à l'acquisition d'un bien, presque toujours d'un bien immobilier, qui devient un propre parfait dans toute la force du terme. Exemple : la femme mariée sous le régime dotal a apporté des deniers en dot à son mari, et il a été stipulé au contrat de mariage que le mari devrait *employer* ces deniers en acquisition d'immeubles. L'immeuble acquis en exécution de cette clause est *dotal* dans toute la force du terme (art. 1553. C. civ.) Il en est de même sous le régime de communauté lorsque tout ou partie du mobilier a été exclu de la communauté et encore qu'il n'y ait pas eu au contrat de mariage une clause d'emploi [1].

2° *Du remploi*. Le remploi est la subrogation d'un bien dans la condition légale d'un autre bien. Exemple : un immeuble propre à la femme est vendu avec l'agrément de celle-ci et un autre immeuble est acquis avec les deniers provenant de cette vente. Si cette acquisition a été accompagnée de certaines formalités voulues par la loi, il y a *remploi*, c'est-à-dire subrogation réelle du nouvel immeuble dans la qualité de propre.

Qu'il s'agisse d'emploi ou de remploi, la loi dans le droit commun exige : 1° que l'origine des deniers ou des biens dont la vente a servi à l'acquisition, soit certaine et bien démontrée. Nous savons comment doit se faire cette preuve ; 2° que la *déclaration d'emploi*, c'est-à-dire la déclaration d'origine des deniers qui servent à l'acquisition nouvelle soit insérée au contrat. C'est ainsi du

---

[1] Nous nous bornons à émettre cette opinion sans la discuter. Elle est admise par la presque unanimité des auteurs et arrêts. Marc., sur l'art. 1435, IV.

moins que nous entendons l'article 1485 du Code civil; 3° que la femme commune, au nom de qui est faite l'acquisition, l'ait acceptée avant la dissolution du mariage, faute de quoi elle a simplement droit, lors de la dissolution de la communauté, à la récompense du prix de son bien vendu.

Tel est le droit commun. On se demande si ces principes sont modifiés par l'événement de la faillite.

La question est tranchée par l'article 558 du Code de Commerce en ce qui concerne l'emploi des deniers provenant à la femme de succession ou de donation [1] et qui ne sont pas tombés en communauté.

Art. 558. « La femme reprendra pareillement les immeubles acquis par elle et en son nom des deniers provenant desdites successions et donations, pourvu que la déclaration d'emploi soit expressément stipulée au contrat d'acquisition et que l'origine des deniers soit constatée par inventaire ou tout autre acte authentique. »

Ainsi il faut la réunion de deux conditions : 1° La constatation de l'origine des deniers par

---

[1] Faut-il étendre l'article à l'emploi des deniers réservés propres par une clause du contrat de mariage ? Cette question sera examinée sous l'article 559. Nous admettons pour le moment l'affirmative.

un *acte revêtu de la forme authentique*. Cette condition est de rigueur.

2° La déclaration d'emploi, laquelle doit être stipulée au contrat d'acquisition. Des controverses existent dans le droit commun sur la nécessité de cette déclaration au contrat même d'acquisition. En présence de la faillite, toute difficulté disparaît devant les termes absolus et précis de notre article.

Il faut encore, suivant nous, que la femme commune ait accepté l'emploi avant la dissolution de la communauté, si elle n'a pas pris part au contrat d'acquisition. Il est vrai que, d'après M. Renouard, la question ne pourrait même pas se poser, la loi exigeant, dit-il, par l'article 558 que l'acquisition ait été faite *par la femme* elle-même ; mais presque tous les auteurs admettent que tel n'est pas le sens de l'article 558 et que l'acquisition peut être faite soit par la femme elle-même, soit par son mari ou par tout autre mandataire [1]. Dès lors il peut être nécessaire que l'acquisition ait été acceptée.

L'article 558 aussi bien que les suivants est muet sur la question de savoir si le remploi, tel que nous l'avons défini, peut donner à la femme une action réelle en reprise.

Pour nous la difficulté n'en est pas une et le silence de la loi ne nous cause aucun embarras.

[1] Massé, p. 371. Lainné, p. 429.

Si le législateur dans l'article 558 n'a parlé que des immeubles acquis avec les deniers propres, c'est que cette hypothèse seule pouvait donner naissance à un doute. Il s'agissait, en effet, d'un cas où des propres parfaits étaient par la volonté des parties substitués à des propres imparfaits, des droits réels à de simples droits de créance. On pouvait se demander s'il était bien au pouvoir des époux de changer ainsi au cours du mariage la nature des reprises de la femme et de lui attribuer un droit qui en cas de faillite la ferait passer de la situation de femme créancière à celle beaucoup plus avantageuse de femme revendicante. Mais dans l'hypothèse du remploi, alors qu'il ne s'agissait que de maintenir à la femme des droits qu'elle avait toujours possédés, aucun doute ne pouvait s'élever. Voilà pourquoi, probablement, la loi n'a pas cru utile de s'en occuper d'une manière spéciale.

Nous admettrons donc par *a fortiori* que la femme peut, en cas de faillite de son mari, reprendre des biens acquis en remploi de ses propres aliénés ; pour cela, elle aura d'abord à prouver la nature et la consistance des biens originaires. Cette preuve se fera d'après le système du droit commun, rappelé implicitement dans l'article 557, s'il s'agit d'immeubles aliénés, et, s'il s'agit de propres mobiliers, conformément aux principes écrits dans l'article 560, c'est-à-dire au moyen d'un inventaire ou de tout autre acte authentique. Elle aura ensuite à établir le fait même du remploi, de la subrogation réelle. Ici nous appliquerons par voie d'analogie la disposition de l'article 558 ; en d'autres termes, nous n'admettrons le remploi que si la déclaration en a été « expressément stipulée au contrat d'acquisition[1]. »

C'est en vertu du même raisonnement que nous ne sommes pas étonnés du silence de la loi en ce qui concerne la subrogation par voie d'échange. Dès que la femme a prouvé la nature et la consistance des biens aliénés, la simple représentation de l'acte d'échange suffit à établir le droit de la femme, parce que cet acte ne peut manquer d'indiquer ce qui sert de cause à l'échange, c'est-à-dire l'aliénation des biens dont la propriété a été antérieurement démontrée [2].

Tel est, croyons-nous, le système de la loi en ce qui touche au remploi et à l'échange. Bien qu'il soit généralement admis, au moins dans ses résultats pratiques, sinon dans les raisonnements dont nous avons essayé de le déduire, ce système a cependant rencontré des adversaires.

Deux opinions dissidentes ont été émises en

[1] Renouard, t. II, p. 284.
[2] Massé t. III, p. 372. — Renouard, p. 283.

des sens divers ; l'une favorise les créanciers du mari au profit de la femme ; l'autre, au contraire, rend plus facile que nous ne l'avons fait nous-même l'exercice de l'action en reprise des biens subrogés à titre de remploi.

En faveur des créanciers du mari, l'on a dit que la loi sur les faillites a réglé les droits des femmes d'une manière spéciale et rigoureusement précise ; qu'en dehors de ce que leur accordent les dispositions de cette loi, elles ne peuvent rien prétendre. Nous croyons avoir suffisamment réfuté cette doctrine.

D'autres auteurs, au contraire, donnent à la femme des facilités de preuve que nous ne saurions lui reconnaître : « S'il s'agit, dit M. Massé,
» d'immeubles acquis en remploi du prix des pro-
» pres de la femme précédemment aliénés, la pro-
» priété de la femme pourra être établie par toute
» espèce de preuves, sans qu'il soit nécessaire
» d'établir authentiquement l'origine des deniers.
» Mais on comprend que les juges devraient se
» montrer plus difficiles sur les preuves, si l'acte
» d'acquisition *ne contenait pas déclaration de
» remploi* [1]. »

M. Massé ne considère donc pas que, lorsqu'il s'agit de remploi de propres aliénés, la déclaration d'emploi doive nécessairement être insérée

[1] Massé, p. 372.

au contrat d'acquisition. Il nous semble que cet auteur confond ici deux questions qui doivent rester parfaitement distinctes : d'abord la question de l'origine des biens remployés, puis la question de la forme que doit revêtir le remploi. Quant à la première, aucune difficulté. Nous admettons parfaitement que, s'il s'agit d'immeubles, leur origine n'ait pas besoin d'être constatée par un acte authentique conformément au principe implicitement compris dans l'article 557. Mais, pour la seconde question, celle de la forme du remploi, nous ne voyons pas pourquoi les deux cas ne seraient pas réglés d'une manière identique. Si le législateur a considéré que la déclaration d'emploi était utile lorsqu'il s'agit d'acquisition faite avec des deniers propres provenant de successions ou de donations, nous ne voyons pas quelles raisons auraient pu changer la manière de voir en ce qui concerne le remploi des immeubles et des propres mobiliers qui leur sont assimilés.

En résumé, nous croyons que dans toutes les questions d'emploi ou de subrogation par voie de remploi ou d'échange, la loi sur les faillites a suivi pas à pas les principes du droit commun ; qu'elle n'y a dérogé qu'en deux points : 1° en exigeant des actes authentiques toutes les fois qu'il s'agit de constater l'origine des valeurs mobilières qui ont été la base de l'emploi ou du remploi : 2° (si l'on n'admet pas que la même solution doive être toujours donnée), en exigeant d'une manière formelle et absolue que la déclaration d'emploi ait été faite dans l'acte dressé pour constater l'acquisition nouvelle.

§ IV. *Biens acquis par la femme de ses deniers personnels dans les cas non énumérés par l'article 558.*

Art. 559. « Sous quelque régime qu'ait été formé le contrat de mariage, hors les cas prévus par l'article précédent, la présomption légale est que les biens acquis par la femme du failli appartiennent à son mari, ont été payés de ses deniers et doivent être réunis à la masse de son actif, sauf à la femme à fournir la preuve du contraire. »

L'article 559 s'applique à tous les cas qui ne sont pas visés d'une manière spéciale par l'article 558. L'article 559 pose en quelque sorte le principe auquel l'article 558 apporte certaines modifications. C'est ce que le législateur a voulu exprimer par cette incidente insérée dans le texte de notre article « hors les cas prévus par l'article précédent. » Si donc nous avions voulu nous attacher à l'ordre logique des idées, il nous eût fallu étudier d'abord l'article 559, sauf à revenir ensuite à l'article 558; nous avons mieux aimé procéder comme le législateur et n'intervertir que le moins possible l'ordre qu'il a suivi.

Toutes les fois donc que la femme ne réclame pas un bien provenant d'emploi de deniers réservés propres ou de remploi de ses propres aliénés ou acquis en échange de ces mêmes propres, mais qu'elle réclame un bien immobilier acquis par elle dans toutes autres circonstances quelconques, l'article 559 doit recevoir son application.

On peut se demander d'abord dans quels cas la femme peut, sous l'empire du droit commun, acquérir des biens qui, sans provenir des causes énumérées dans l'art. 558 (emploi et par analogie remploi ou échange), constituent néanmoins des propres. Pour que ce résultat puisse se produire, il faut supposer d'abord que les époux ne sont pas mariés sous le régime de la communauté, même réduite aux acquêts : en effet sous ce régime, la femme ne peut acheter pour elle qu'avec des deniers provenant d'aliénation de ses propres, et alors il y a remploi, ou bien avec des deniers provenant de donations, de successions ou réservés par une clause du contrat de mariage, et alors il y a emploi. Toutes les économies ou autres gains qu'elle peut faire tombent dans la communauté [1].

[1] Marcadé, sur l'art. 1406, III, enseigne le contraire pour un cas spécial. D'après lui le donateur d'immeubles pourrait stipuler en faveur de la femme donataire que les revenus de ces immeubles

Lors au contraire que la femme a des propres dont les revenus demeurent à sa disposition, on peut comprendre qu'elle ait des ressources propres qui lui procurent le moyen d'acquérir un immeuble à un moment donné. C'est ce qui a lieu pour la femme séparée de biens ou pour la femme dotale qui a des paraphernaux.

En outre la femme peut avoir une industrie : or, les produits de cette industrie ne deviennent jamais, en dehors du régime de communauté, la propriété du mari. La femme les conserve propres soit que les époux aient adopté le régime d'exclusion de communauté [1], soit qu'il y ait entre eux séparation de biens, soit aussi, nous le pensons du moins, que le régime dotal ait été stipulé, si rien de contraire n'est indiqué au contrat [2]. Dans cette hypothèse, la femme a donc encore une source de revenus qui lui permet d'acquérir sans puiser dans la bourse commune ou dans celle de son mari.

Lorsque la femme prétend avoir ainsi acquis un bien des deniers qui lui auraient personnelle-

lui demeureraient propres. Il reconnaît pourtant qu'une telle stipulation ferait de la femme commune une femme séparée de biens quant à ces immeubles. Nous ne pouvons admettre cette opinion qui aurait pour effet de porter atteinte au principe de l'immutabilité des conventions matrimoniales. V. les autorités en sens divers citées par Marcadé.

[1] Alors, en effet, le mari ne peut prétendre qu'à l'usufruit des capitaux ainsi acquis par la femme. (Mourl., *Rep. écr.*, t. III, n° 36. — *Contra*, Marcadé, s. l'art. 1532, II.

[2] Marc., s. l'art. 1543, II. — Zachariæ (III, p. 565). — Toulouse, 2 août 1825.

ment appartenu, ce bien, sous l'empire du droit commun, lui est attribué en propre sans qu'aucune preuve spéciale lui soit imposée. Certains auteurs, il est vrai, et un arrêt de la Cour de Lyon, du 11 mai 1848 [1] ont soutenu le contraire; ils se sont appuyés sur une loi romaine qui établissait, dans le cas d'une acquisition faite par la femme, la présomption légale que le paiement avait été fait des deniers du mari : « *Quintus Mucius ait : cum in controversiam venit unde ad mulierem quid pervenerit, et verius et honestius est, quod non demonstratur unde habeat existimari a viro, aut qui in potestate ejus esset, ad eam pervenisse. Evitandi autem turpis quæstus gratia circa uxorem hoc videtur Quintus Mucius probasse.* » (Dig., *de donat. inter vir. et ux.* L. 51.) — Toutefois cette opinion n'a pas prévalu et ce point en fait aucune difficulté dans la pratique : « Il n'y a de présomptions légales aux termes de l'article 1350, dit Marcadé, que celles qui sont proclamées par une loi spéciale et comme celle dont il s'agit n'est nulle part exprimée dans le Code, elle se trouve dès lors enveloppée dans l'abrogation générale des anciennes lois romaines par la loi du 31 mars 1804. [2] »

[1] Dev. (49, 2, 286). — Troplong (III, 2245, et IV, 3018).
[2] Marcadé, t. VI, sur l'art. 1532, II. — Grenoble, 30 juin 1827. Pau, 10 décembre 1832. Montpellier, 14 février 1843. (Dev., 33, 2, 240; 43, 2, 222.)

Lorsque la faillite du mari vient à se produire, la situation change ; le législateur craignant qu'aux approches de la faillite le mari peu scrupuleux ait employé les fonds qui étaient le gage de ses créanciers à acquérir des immeubles au nom de sa femme et ému de la même pensée qui avait guidé le jurisconsulte romain, ressuscite dans l'article 559 l'ancienne présomption romaine ; « la présomption légale, dit-il, est que les biens acquis par la femme du failli appartiennent à son mari, ont été payés de ses deniers, *sauf à la femme à faire la preuve du contraire.* » Il y a une présomption, mais ce n'est pas une présomption *juris et de jure,* c'est-à-dire que la femme peut être admise à la combattre.

Maintenant comment et en quelle forme peut être faite cette preuve contraire ? Malgré la généralité des termes dont se sert le législateur, sans l'autoriser, plusieurs auteurs ont cru devoir compléter l'article 559 par la disposition de l'article 558. Suivant eux, le législateur après avoir exigé l'acte authentique dans les cas prévus par cet article, n'a pu en dispenser la femme dans les hypothèses régies par notre article 559 [1].

Nous ne saurions nous ranger à cette opinion. D'abord parce qu'elle ajoute au texte et qu'il nous

[1] Bédarride, n° 1006. — Esnault, n° 385. — Boileux, n° 903. — Pardessus, n° 1224.

paraît inadmissible que le législateur ait entendu renvoyer pour l'organisation de la preuve autorisée par notre article à l'article 558 qui vise un cas tout différent.

De plus nous trouvons dans la différence des hypothèses régies par les deux articles l'entière justification de notre système. Dans la première hypothèse, en effet, si la femme n'apporte à l'appui de ses prétentions un acte authenthique, on comprend que la loi rejette ses demandes. En effet, vis-à-vis des créanciers de son mari, elle est en faute de ne pas avoir fait en temps utile dresser cet acte authentique. Dans le second cas, au contraire, condamner la femme à prouver son droit, à établir l'origine des deniers au moyen d'actes authenthiques. Ce serait rendre en fait son succès impossible. « Comment, en effet, dit M. Alauzet, constater par actes authentiques l'accumulation qu'elle a pu faire lentement et successivement sur les revenus de biens qui lui sont propres et ne sont pas entrés en communauté? La loi s'en est rapportée à la sagesse des tribunaux qui se montreront sévères toutes les fois qu'ils reconnaîtront la fraude ; nous ne pouvons même admettre dans le silence de la loi que la preuve testimoniale doive être repoussée d'une manière absolue [1]. »

---

[1] M. Alauzet, des faillites, p. 284. En ce sens M. Demangeat s. Bravard-Veyrières, p. 532. — Renouard, t. II, 2e éd., p. 286. — Massé, t. III,

C'est en vertu de ces différences profondes qui séparent les hypothèses prévues par ces articles que nous avons cru devoir ajouter un cas à l'article 558. Cet article ne parle, avons-nous dit, que des biens achetés avec des deniers propres provenant de successions ou de-donations. Nous avons cru devoir assimiler aux deniers provenant de ces sources ceux qui ont été stipulés propres par le contrat de mariage. Nous ne voyons pas pourquoi la femme serait dispensée quant à eux de fournir un acte authentique. Elle a pu et dû en faire dresser un; il n'y a donc aucune raison pour laisser ce cas sous l'empire de la règle de notre article 559 [1].

Pour résumer notre système sur l'article 559, nous dirons qu'en dehors des cas où la femme réclame un bien qui lui est demeuré propre ou qu'elle prétend avoir acquis par voie d'emploi, de remploi ou d'échange, elle ne peut réclamer *de plano*, comme elle le pourrait faire sous l'empire du droit commun, un bien acheté par elle et qu'elle prétend avoir acquis au moyen d'épargnes, de fonds qui lui seraient demeurés propres; il faut

p. 371. — Pas d'arrêts sur la question. Cependant un arrêt de Nancy du 17 Janvier 1846 (S. 47. 2. 129) semble admettre cette solution, en rejetant toutefois l'admissibilité de la preuve testimoniale.

[1] En ce sens M. Demangeat. s. Bravard-Veyrières, t. v; p. 530, à la note.

qu'elle établisse contre les créanciers de la faillite
la provenance, la source de ces deniers, cause de
l'acquisition. Tant qu'elle n'a pas fait cette preuve, une présomption rigoureuse posée par l'article
559 paralyse sa revendication ; mais cette preuve,
elle peut la faire par toutes sortes de moyens, parce
qu'aucun mode spécial de preuve n'est imposé par
la loi. Les tribunaux demeurent appréciateurs
souverains des moyens invoqués par la femme.
Tel est notre système ; dire moins, ou plus, ce serait, suivant nous, lire dans l'article 559 ce qui
n'y est pas écrit [1].

Nous avons terminé la première partie de notre
travail ; nous avons vu quelle situation est faite à
la femme du failli lorsqu'elle se présente pour revendiquer. En résumé, rien n'est changé alors dans
le fond de son droit. Toutes les restrictions de la
loi commerciale ont trait à la question de la preuve. A des présomptions que l'on peut combattre
par des actes privés et même en certains cas par
la preuve résultant de la commune renommée, la
loi substitue des présomptions rigoureuses, que
peut seule faire tomber l'autorité qui s'attache à
l'acte authentique. C'est là ce que l'on trouve
dans les articles 558 et 560. — Ailleurs, dans
l'article 559, la loi pose une présomption alors

[1] C. Paris, 9 fév. 1867 (S. 67, 2, 309.)

que dans le droit commun il n'en existe aucune ; mais ici la présomption a une moindre rigueur que dans les articles précédemment cités. Il n'y a qu'une seule disposition qui soit la reproduction pure et simple du droit commun ; c'est la disposition de l'article 557 relative à la reprise des immeubles propres apportés en mariage ou postérieurement acquis par donation ou succession. Ce point de droit commun, ne présentant pas de danger pour les créanciers ne devait pas être modifié.

Remarque. — Nous plaçons à la fin de ce chapitre et sous forme de note l'explication de l'article 561. Cet article ne fait qu'énoncer un principe de droit commun et n'a d'autre intérêt que celui de trancher une controverse qui avait été soulevée sous l'empire du Code. Il suppose que la femme agissant non dans son intérêt personnel, mais pour son mari, par voie d'*intercession*, comme auraient dit les Romains, a affecté hypothécairement ses immeubles à la garantie d'une dette de son mari. Ou bien encore que s'étant obligée conjointement avec lui, pour une cause qui ne lui était pas personnelle, le tribunal l'a condamnée avec lui au paiement de cette dette et qu'une hypothèque judiciaire a été prise sur les biens propres en vertu de cette condamnation. Dans ces hypothèses, lorsque la femme veut exercer la reprise de ces immeubles, elle ne peut le faire qu'en respectant les droits acquis aux créanciers hypothécaires. Elle est tenue, d'après l'article, des charges dont ses biens sont *légalement* versés. C'est dans ce mot *légalement* que réside toute l'importance de l'article.

En effet le principe rappelé par cet article 561 avait été également consacré par l'article 548 du Code et dans les mêmes termes. Seulement ce mot *légalement* n'y figurait pas. On avait cru devoir conclure de la forme absolue de cette disposition, qu'elle créait une exception au principe de l'inaliénabilité du fonds dotal. C'est là, il faut bien le dire, le sort habituel des dispositions inutiles et surabondantes : on leur cherche un sens caché alors qu'elles se bornent à reproduire un principe général, et on y lit des choses que n'y avait point mises le législateur. — On avait donc voulu dans cet article voir une règle spéciale à la faillite, et s'attachant à ses termes absolus, on en concluait qu'en cas de faillite du mari la dotalité de l'immeuble n'empêchait point de valoir les hypothèques qu'on y avait assises[1]. Un examen quelque peu attentif des termes de l'article aurait suffi pour faire rejeter cette interprétation; en effet, le législateur n'y parlait évidemment que des hypothèques existantes réellement et non pas de ce qui n'est qu'un simulacre d'hypothèque. Or, il ne peut y

[1] Bravard-Veyrières, t. V, p. 532.

avoir qu'un simulacre d'hypothèque sur un bien affecté de dotalité. Cependant, afin de prévenir toute espèce de doute sur ce point, le mot *légalement* fut ajouté par la seconde commission de la Chambre des Pairs, et désormais l'erreur d'interprétation que nous avons signalée ne pourra se reproduire.

La femme qui voit diminuer ses reprises en nature par suite des hypothèques accordées aux créanciers de son mari, conserve son recours contre ce dernier. Cette vérité qui se déduit tout naturellement des articles 1431 et 1493 du Code civil est d'autant plus à l'abri de toute controverse qu'elle a été reconnue formellement lors de la discussion [1].

Ainsi la femme qui voit ses revendications paralysées en tout ou en partie voit s'augmenter d'autant ses droits de créancière. C'est à ce titre que nous allons la retrouver se présentant pour être admise au passif de la faillite.

[1] Séance de la Ch. des députés, 23 fév. 1835.

CHAPITRE III.

DE LA FEMME CRÉANCIÈRE.

Le principal intérêt en cette matière n'est pas de rechercher quand la femme peut avoir dans la faillite des actions personnelles en reprise, ni comment elle doit établir ces créances. Sur ces points rien, ou à peu près rien, n'est changé aux règles du droit commun. Ce qu'il est vraiment important d'étudier, ce sont les restrictions que la faillite impose à l'hypothèque légale accordée à la femme pour sûreté de ses reprises.

Nous voulons cependant nous arrêter quelque peu sur la question générale des reprises personnelles. D'abord la règle que nous avons posée et en vertu de laquelle le droit commun demeurerait purement et simplement applicable, a soulevé quelques objections que nous voulons combattre et souffre au moins deux restrictions que nous voulons indiquer. Nous allons donc dans une première section étudier dans quelles conditions la femme peut exercer comme créancière chirographaire ses reprises contre la faillite.

SECTION PREMIÈRE.

De la femme créancière chirographaire.

Nous avons dit que la femme, en tant que simple créancière chirographaire, ne voit pas en principe sa situation altérée par l'événement de la faillite.

I. D'abord *au fond* son droit reste le même, c'est-à-dire qu'elle ne peut invoquer ni plus ni moins de droits que la femme qui, sous l'empire du droit commun, vient réclamer à son mari le montant de ses reprises. Elle n'en a pas moins. C'est un point qui est reconnu par tous les auteurs et qui ne fait aucun doute; la loi n'ayant rien dit pour restreindre les droits de la femme créancière chirographaire, elle doit rester purement et simplement sous l'empire du droit commun.

Ce principe pourtant comporte une exception; elle est relative aux avantages que la femme a pu stipuler dans son contrat de mariage. Ces avantages lui sont retirés, lorsque se trouvent remplies certaines conditions indiquées par l'art. 564; s'ils consistent dans des créances de la femme contre le mari, ses droits de créancière se trouvent diminués d'autant. Nous étudierons plus loin, dans un troisième chapitre, les dispositions de la loi relatives aux conventions matrimoniales.

Nous avons dit, en second lieu, que la faillite ne confère pas à la femme plus de droits qu'elle n'en a dans le droit commun. C'est ici que se présente une controverse que nous avons indiquée dans le chapitre précédent et que nous voulons examiner ici plus soigneusement.

Nous avons dit que pour reprendre en nature ses propres mobiliers *parfaits,* la femme devait fournir à l'appui de ses prétentions un acte authentique. Nous avons dit aussi que plusieurs auteurs, se plaçant dans l'hypothèse où la femme ne pourrait ainsi établir sa demande, lui accordent le droit de suivre le droit plus facile de l'action personnelle à raison de ses propres mobiliers afin d'obtenir au moins un dividende correspondant à leur valeur, puisqu'elle ne peut les reprendre en nature.

Et d'abord, quelle serait sous l'empire du droit commun la solution de cette question? La femme ou l'un des *conjoints* peut-il à son gré abandonner son action réelle en reprise pour se contenter d'une créance contre la communauté ou contre son conjoint? La réponse serait évidemment négative. On dirait : Pour avoir une action en revendication il faut être demeuré propriétaire ; pour avoir l'action personnelle, il faut d'une part avoir cessé de l'être et d'autre part il faut que la communauté ou le conjoint en soit devenu propriétaire à charge de récompense ou bien qu'il ait contracté la valeur,

soit par un délit ou un quasi-délit, soit pour en
avoir touché le prix. En d'autres termes, pour revendiquer, il faut être propriétaire; pour agir comme
créancier, il faut ne l'être pas. Or, ces deux idées
s'excluent évidemment. Donc, le conjoint ne peut
avoir à la fois l'action réelle et l'action personnelle
en reprise; il ne peut par conséquent passer de
l'une à l'autre action. Une solution contraire, outre
qu'elle ne serait pas juridique, amènerait encore
des résultats injustes: il faudrait admettre, en effet,
que si, après plusieurs années de mariage, les
effets mobiliers étaient détériorés et avaient perdu
la majeure partie de leur valeur, la femme n'en
aurait pas moins le désir d'exiger leur valeur primitive laissant pour compte à son conjoint les
effets, dans l'état d'infériorité où ils se trouveraient.

Nous avons parlé du droit commun. La réponse
ne doit-elle pas être la même sous l'empire de la
loi des faillites? Les principes sont les mêmes, et
la réponse doit évidemment être identique. Ainsi,
une femme a entre les mains un inventaire des-
criptif et estimatif avec cette clause que l'estimation n'en vaut pas vente. Seulement cet acte est
sous-seing privé. Elle le produit et échoue dans sa
revendication; elle ne peut évidemment être admise ensuite à se faire colloquer au passif de la
faillite pour la valeur du mobilier dont elle préten-

dait tout à l'heure, sans pouvoir l'établir, être demeurée propriétaire. Ces deux prétentions seraient en contradiction formelle l'une avec l'autre.

Telle est la rigueur des principes et, suivant nous, la vérité. Nous comprenons pourtant que dans des circonstances données où la contradiction était moins flagrante que dans l'espèce indiquée tout à l'heure, et vu la difficulté signalée plus haut de distinguer en pratique les propres mobiliers parfaits des propres mobiliers imparfaits, les tribunaux aient rendu des jugements qui paraissent contredire notre système. C'est ainsi qu'un arrêt de la Cour de Lyon du 29 avril 1850,[1] semble au premier abord admettre une doctrine opposée. Mais si l'on examine les faits rapportés par l'arrêt, on s'apercevra que dans l'espèce il se pouvait bien que les meubles réclamés eussent été entre les conjoints considérés comme des propres imparfaits, et dès lors la femme avait bien le droit d'être considérée comme créancière de la faillite. C'est là, suivant nous, une décision de fait qui n'infirme en rien le principe général.

II. Rien n'est changé non plus en principe au mode de preuve imposé à la femme. Pour se présenter, la femme n'aura pas besoin de justifier de son droit par acte authentique; de même que les autres créanciers, elle devra seulement faire véri-

[1] S., 52, 3, 598.

fier et affirmer sa créance. C'est ce que décide très-justement le même arrêt de la Cour de Lyon que nous avons cité plus haut; il rappelle que l'art. 560 oblige la femme qui agit en revendication à produire un acte authentique. « Mais » cette disposition législative, ajoute-t-il, ex- » clusivement relative à l'existence et à l'exer- » cice du droit de revendication, ne peut s'ap- » pliquer à la simple qualité de créancière, » pour laquelle les femmes de commerçants ont » été laissées sous l'empire des articles 1415 et » 1504 du Code civil, qui leur accordent, à dé- » faut d'inventaire, le droit de prouver par » témoins, titres, papiers domestiques, et au » besoin par la commune renommée, la consistance » et la valeur des successions mobilières à elles » échues pendant le mariage.... »

Cependant cette règle encore comporte une exception. Elle est comprise dans l'article 562.

On sait qu'en vertu du principe général de l'article 1492, toutes les fois que la femme a, de ses deniers propres, payé une dette de son mari, elle a droit contre lui à obtenir récompense. Ceci peut se produire dans trois hypothèses diverses : 1° quand les biens de la femme hypothéqués à la sûreté des dettes contractées par son mari ont été vendus sur la poursuite des créanciers; 2° quand après s'être engagé conjointement ou solidairement avec son mari, pour une dette de celui-ci[1], elle a payé tout ou partie de la dette ; 3° enfin quand, n'étant point primitivement engagée, elle est intervenue au moment du paiement pour payer une dette de son mari.

Dans toutes ces hypothèses, elle a droit à être récompensée des sommes qu'elle a versées en acquit de son mari.

Lorsqu'après des paiements de cette nature, la faillite du mari vient à se produire, le droit de la femme à obtenir récompense reste le même en principe. C'est de toute justice d'abord. C'est ensuite la conséquence de notre article 562 du Code de commerce et des explications fournies à la Chambre des députés, lors de la confection de l'article 561[2]. Seulement ce principe reçoit, en cas de faillite, une modification importante. Il suffisait à la femme, sous l'empire du droit commun, de prouver qu'elle avait payé et cette preuve résultait de la teneur même de la quittance. Ici la femme doit prouver non-seulement qu'elle a payé, mais encore qu'elle a payé de ses propres deniers, car, jusqu'à ce que cette preuve soit faite, « la présomption légale est qu'elle a payé des deniers de son mari. »

Le but de cet article est facile à apercevoir ; il

---

[1] Ce qui est présumé, jusqu'à preuve du contraire. Art. 1431.
[2] Séance de la Chambre des députés, 23 février 1835.

a été dicté par les motifs qui ont dicté l'article 559. La femme réclamerait vainement des indemnités si elle ne justifiait pas par des *pièces légales*, disait l'orateur du gouvernement sur l'ancien article 550, l'origine des deniers qu'elle prétendrait avoir consacrés à l'extinction de la dette de son mari. Ne serait-il pas, ajoutait ce même orateur, également honteux pour la femme et pour le mari qu'elle réclamât des deniers dont l'origine serait inconnue? Il y avait là un danger de fraude que le législateur devait et n'a pas manqué de prévoir.

Maintenant, comment doit se faire la preuve ? La loi dans l'article 562 se borne à réserver la preuve contraire, renvoyant pour l'organisation du mode de preuve à l'article 559. Donc, les règles indiquées pour cet article, doivent être purement et simplement appliquées ici.

Or, nous avons vu, en étudiant l'article 559, que tous les moyens de preuve pouvaient être employés pour repousser la présomption posée par cet article sans que l'on fût astreint à produire un acte authentique.

Dans ce cas, en effet, comme dans l'hypothèse prévue par l'article 559, exiger un acte authentique, ce serait rendre, en fait, la preuve à peu près impossible. La femme devra donc établir qu'elle avait conservé propres certains fonds, ou qu'elle avait vendu certains biens ou que par son industrie elle s'était créée des ressources personnelles qui n'étaient point absorbées par la communauté ; elle devra prouver, en outre, que des deniers acquis par l'un de ces moyens elle s'est servie pour acquitter les dettes de son mari.

Dans l'une des trois hypothèses que nous énumérions plus haut, celle où la femme a engagé ses biens personnels pour sûreté des dettes de son mari, la preuve sera très-facile à faire. Il lui suffira, en effet, d'établir que sur la poursuite des créanciers hypothécaires de son mari, ses biens ont été vendus et que le prix leur en a été versé en déduction ou jusqu'à concurrence de leurs créances.

Dans les autres hypothèses, la preuve, bien que plus difficile, pourra néanmoins être fournie. C'est ainsi que la délégation qu'elle a faite aux créanciers de son mari du prix d'un de ses propres aliénés, lui permettrait d'exercer sa reprise, encore que l'acte portant subrogation et la quittance du créancier fussent sous seing-privé.

C'est ainsi encore, suivant M. Bédarride[1], que la preuve pourrait ressortir de ce que, au moment où ces dettes ont été payées, la femme, sans nul besoin personnel, aurait contracté un emprunt dont la date coïnciderait avec celle du paiement.

[1] N° 1025.

Dans ce cas, les tribunaux pourraient, s'ils jugaient que la dette du mari était sérieuse et l'acquittement réel, conclure de cette coïncidence que la quittance donnée au nom de la femme lui donne droit d'user du bénéfice de l'article 562.

A ces deux dérogations près, celle de l'article 564 et celle de l'article 562, la femme qui se présente à la faillite en qualité de créancière chirographaire demeure purement et simplement soumise aux règles du droit commun.

SECTION II.

De l'hypothèque légale de la femme.

D'après le droit commun (Code civ., art. 2121 et 2135), les femmes mariées ont une hypothèque légale sur tous les immeubles de leur mari, à raison de leurs dots et conventions matrimoniales à compter du jour de leur mariage ; pour les successions à elles échues ou les donations à elles faites pendant le mariage, à compter du jour de l'ouverture de ces successions ou du jour que ces donations produisent effet ; et enfin, à raison des dettes qu'elles ont contractées avec leur mari et pour le remboursement de leurs biens propres aliénés, sans remploi, à compter du jour de l'obligation ou de l'aliénation.

Reprenons en quelques mots ces différentes règles.

Et d'abord sur quoi s'étend l'hypothèque légale de la femme? Sur tous les immeubles du mari sans exception et sans qu'il y ait à distinguer entre les biens qu'il possédait au jour de son mariage et ceux qu'il a postérieurement acquis, soit à titre onéreux, soit à titre gratuit. Il faut même, suivant nous, mettre au nombre des biens que vient saisir l'hypothèque légale les immeubles acquis au mari après la dissolution du mariage, parce que l'hypoque légale embrasse tous les immeubles présents et futurs de la personne dont elle garantit la dette.

Secondement, pour quelles créances est accordée cette hypothèque légale? La loi, article 2135, § 2, en énumère quatre différentes. Elle donne hypothèque : 1° pour les conventions matrimoniales; l'hypothèque prend rang alors à compter du jour du mariage; 2° pour les deniers ou effets mobiliers que la femme aura apportés en mariage ou obtenus par succession, donation ou testament. L'hypothèque prend alors rang du jour du mariage, s'il s'agit de sommes ou d'effets apportés en dot, ou, s'il s'agit de biens postérieurement échus à la femme, à compter de l'ouverture des successions ou du jour que les donations ont eu leur effet; 3° pour remploi des biens de la femme, aliénés pendant le mariage, à compter du jour de la

vente ; 4° pour l'indemnité des dettes par elle contractées avec son mari, du jour de l'obligation.

La loi, dans l'article 2135, n'a parlé que de ces
quatre sortes de créances. Est-ce à dire que les
créances en reprises que peut avoir la femme
soient destituées de l'hypothèque légale? Nous ne
le croyons pas et nous pensons, avec tous les auteurs, appuyés en cela par la jurisprudence, que,
dans tous les cas où la femme a des reprises à
exercer et quelle que soit la nature de ces reprises, elle peut invoquer le bénéfice de l'hypothèque légale. Nous pensons, en outre, que pour déterminer les créances dont la loi n'a point parlé,
il faut rechercher parmi les créances dont elle
s'est occupée celles qui par leur nature s'en rapprochent le plus et raisonner par voie d'analogie [1].

Prenons un exemple : la femme dotale n'a pas
de *propres* dans le sens technique du mot, puisqu'il n'en existe que sous le régime de communauté. En sorte que, rigoureusement parlant, si
ses immeubles dotaux ont été aliénés par son mari,
peut-elle se prévaloir de l'alinéa de l'article 2135
qui accorde à la femme l'hypothèque légale pour le
remploi de ses propres aliénés. Pourtant dans cette

---

[1] Mourl., t. III, p. 621. — Zach., Aubry et Rau, t. II, p. 695 et
suiv.; P. Pont, *Priv. et hyp.*, t. II, n°s 766 et suiv.

hypothèse il serait à la fois illogique et injuste de refuser une hypothèque à la femme et de plus il semble tout naturel de donner à cette hypothèque le rang qu'elle aurait occupé si les époux avaient été mariés sous le régime de communauté.

Tel est, dans son ensemble, le système par lequel la loi civile a réglementé l'hypothèque légale accordée à la femme. C'est lui qui sert de base aux dispositions de la loi commerciale que nous allons étudier tout à l'heure.

La loi commerciale procède par voie d'exception. Donc pour tous les points qu'elle n'a pas touchés, la loi civile demeure en son entier. C'est ainsi qu'elle doit être consultée et observée soit pour la dispense d'inscription [1], soit pour les règles sur la purge (2183, 2184, 2193, 2195, C. civ.), soit enfin pour les rangs divers occupés par l'hypothèque suivant les causes des créances qu'elle garantit. (2135, § 20.) [2]

Les obligations apportées par la loi des faillites ne portent pas non plus sur la nature et la qualité des créances garanties par l'hypothèque légale [3].

---

[1] L'inscription de l'hypothèque légale de la femme ayant pour effet non de la faire naître, mais simplement de la conserver, il est généralement admis qu'elle peut être inscrite à toute époque avant le jugement déclaratif, et même depuis ce jugement.

[2] C. de Riom, 19 août 1819.

[3] Si l'on ne trouve pas dans l'article 563 les créances résultant des conventions matrimoniales, ce n'est pas parce que ces créances sont dénuées d'hypothèques en cas de faillite, mais parce que les créances elles-mêmes sont complétement annulées.

Le principe que la femme a hypothèque légale pour toutes les créances qui peuvent lui appartenir vis-à-vis du mari, continue de s'appliquer au cas où il tombe en faillite. En effet, le nouvel article 563 du Code de commerce reproduit presque littéralement l'énumération donnée par l'art. 2135 du Code civil ; or, si l'on admet que les créances énoncées par cet article ne sont point les seules pour lesquelles existe l'hypothèque légale, il faut dire la même chose de l'article 563 parce qu'il n'y pas de motif pour l'entendre dans un sens différent [1].

Ainsi, quoiqu'il ne soit pas question dans ces articles de l'hypothèque légale pour raison des frais de l'instance en séparation de biens, la femme du failli pourrait, suivant nous, se faire colloquer pour raison de ces frais sur les immeubles de son mari [2].

Cette question ne fait aucune difficulté en droit civil ; on y discute, il est vrai, sur le point de savoir à quel rang l'hypothèque légale dans ce cas doit être admise [3], mais quant au principe même de l'admission, il n'a jamais été, nous le répétons, sérieusement contesté. En droit commercial il en a été autrement, et un arrêt rendu par la Cour de

---

[1] M. Valette. *Traité des priviléges et des hypothèques,* p. 265.
[2] Bordeaux, 16 août 1838. J. du palais, 1839. t. I, p. 164.
[3] Mourlon, t. III, n° 1522; v. la note.

Rouen le 29 février 1840, est venu prêter au système opposé l'appui de sa grave autorité. Toutefois lorsqu'on examine avec soin ses considérants, on s'aperçoit que la Cour reconnaît bien le principe que dans la séparation de biens les dépens sont accessoires de la demande principale et que si elle décide contre la femme, c'est qu'en fait le syndic n'avait figuré au procès que pour s'en rapporter en justice. Par conséquent, s'il eût véritablement défendu à l'action, il est très-probable que la Cour eût rendu un arrêt en sens inverse. Nous ne nous contentons pourtant pas de cette demi-solution, et nous croyons que même, si le syndic s'en est rapporté à la justice, l'affirmative doit être admise parce que, dans un cas comme dans l'autre, si le privilége de la dot ne s'étendait pas aux frais faits pour la mettre en sûreté, les précautions prises par le législateur se trouveraient éludées.

Les dérogations apportées par la loi sur les faillites à l'hypothèque légale sont seulement relatives à *son étendue.*

En lui imposant ces restrictions, la loi est partie de cette idée que s'il est juste de maintenir à la femme sur les biens de son mari tombé en faillite une hypothèque légale, dont le refus équivaudrait à la confiscation de la dot, il est nécessaire aussi de restreindre cette hypothèque dans des limites telles qu'on ne puisse soupçonner les époux d'avoir colludé pour tromper les créanciers du mari.

C'est ainsi qu'on ne pouvait admettre la femme à exercer ses reprises sur des valeurs immobilières que le mari était présumé s'être procurées aux dépens de ses créanciers. De là une première restriction de l'hypothèque : restriction relative à l'assiette de cette hypothèque, aux biens sur lesquels elle repose.

En second lieu, comme on pouvait craindre que les époux aux approches de la faillite ne s'entendissent entre eux pour donner à la femme des reprises garanties par hypothèque et relatives à des deniers que la communauté n'aurait point reçus, la loi pose une seconde restriction aux droits de la femme en l'assujettissant à prouver ses créances par un mode de preuve spécialement établi. Faute de quoi, elle lui dénie le bénéfice de l'hypothèque légale.

Les restrictions édictées par la loi commerciale ont donc trait : 1° aux biens du mari que l'hypothèque doit grever ; 2° aux créances de la femme qu'elle doit garantir.

§ I. *Biens du mari que l'hypothèque doit grever.*

Partant de ce principe que la femme ne peut avoir de droit sur les immeubles que le mari peut-être présumé avoir acquis avec les deniers de ses créanciers, la loi soustrait à l'hypothèque légale

de la femme tous les immeubles que le mari a acquis à titre onéreux depuis son mariage. Tous les
autres biens du mari y demeurent soumis, soit
qu'il les ait acquis avant son mariage, soit qu'ils lui
soient échus depuis : 1° par succession ; 2° par
donation ; 3° par testament.

Pour tous les biens qui ont été ainsi acquis
à titre gratuit depuis le mariage, on conçoit très-
bien que la loi ne pouvait, sans être illogique, refuser de les maintenir sous le coup de l'hypothèque légale. En ce qui concerne les biens acquis
par donation, le système de la loi peut, il est vrai,
donner encore place à la fraude, puisque la cause
de l'acquisition peut être un acte à titre onéreux
se déguisant sous les apparences d'un acte à titre
gratuit. Mais c'est là une fraude qui se rencontre
si rarement qu'elle ne pouvait servir de base à une
présomption et qu'il fallait laisser aux créanciers
qui s'en prétendraient les victimes le soin de la
prouver. C'est donc avec raison que, sur ce point
comme sur les deux autres, la loi de 1838 est venue redresser le système du Code.

Sous l'empire du Code, en effet, l'hypothèque
légale était restreinte aux seuls immeubles qui appartenaient au mari à l'époque de la célébration
du mariage (anc. art. 551) et la jurisprudence
d'accord avec la doctrine tirait de cet article la
conséquence logique qu'il fallait considérer com-

me soustraits à l'hypothèque légale tous les biens sans exception acquis depuis le mariage. Cela fut notamment décidé par un arrêt de Rouen du 4 février 1832, objet d'un pourvoi en cassation qui fut rejeté le 9 avril 1835 (S. 35, 1, 251). Ce défaut de garantie pour les dots confiées aux commerçants, même à ceux qui avaient les plus belles espérances dans l'expectative de la fortune paternelle, rendait leur mariage difficile sans profit pour les tiers. On sentait tellement le besoin d'une réforme sur ce point, que l'amendement proposé à la Chambre des députés en 1835, relativement aux biens acquis par succession et l'extension donnée à ce système en ce qui concerne ceux acquis par donations entre vifs ou testamentaires dans le second projet présenté en 1837, furent admis sans aucune difficulté.

Quant aux biens appartenant au mari au jour de son mariage, ils demeurèrent sans distinction, comme avant la loi de 1838, soumis à l'hypothèque légale. Cependant l'on aurait compris qu'on distinguât parmi eux, ceux qui avaient été acquis à titre onéreux pour les soustraire à l'hypothèque. On aurait pu, en partant de cette idée que le commerçant qui achète des immeubles est présumé les payer avec l'argent de ses créanciers, les assimiler aux biens acquis à titre onéreux depuis le mariage. Toutéfois, même sous l'empire du

Code, l'on n'avait pas poussé aussi loin la rigueur contre la faillite.

D'abord, il est certain que la présomption de l'article 563 tire sa principale force de l'antériorité du mariage à l'acquisition des immeubles. En effet, avant son mariage, le mari n'a pas de raison spéciale pour employer en immeubles l'argent de ses créanciers, puisque meubles et immeubles resteront toujours pour constituer leur gage. Après le mariage, au contraire, l'hypothèque de la femme est là, prête à saisir réellement, à distraire du patrimoine du mari l'immeuble qui viendra y entrer; et l'idée peut bien venir au mari d'employer en de telles acquisitions les deniers de ses créanciers et d'en assurer ainsi la conservation pour l'éventualité d'une faillite.

En second lieu, et c'est Bravard-Veyrières qui fait cette remarque, « les rédacteurs du Code
» avaient, sans doute, considéré qu'au moment du
» mariage, le débiteur pouvait constituer hypo-
» thèque sur ses immeubles présents et que ce
» que le mari pouvait faire en faveur d'un tiers,
» la loi pouvait le faire en faveur de la femme.
» D'ailleurs, ajoute-t-il, il eût été véritablement
» bizarre de mettre l'effet avant la cause, de
» faire subir à la femme les conséquences de
» cette qualité de femme mariée pour un temps
» où elle n'existait pas encore. Qu'elle subisse,

» dans une certaine mesure, les effets de la
» mauvaise fortune de son mari à compter du
» jour du mariage, cela est assez équitable;
» mais, pour le temps antérieur, ses droits doi-
» vent rester entiers[1]. »

De cette distinction profonde mise par la loi
entre les acquisitions faites avant et les acquisitions faites après le mariage, il résulte que la
femme a un interêt immense à faire déterminer
d'une manière exacte la date d'une acquisition.

Lorsqu'elle viendra soutenir que l'acte est post-
daté, sa réclamation sera toujours écoutée. Si
l'acte est sous seing-privé, comme la femme est
tiers par rapport à cet acte, il n'a point, quant à
elle, date certaine et aucune difficulté ne s'élève.
S'il s'agit d'un acte authentique, la femme n'en
saurait attaquer la date autrement que par la
voie de l'inscription de faux, mais elle serait
toujours recevable à prouver que la vente réelle
de l'immeuble avait été verbalement consentie au
mari antérieurement au mariage [2].

Ici peut se placer l'examen de plusieurs questions importantes:

Première Question : — Quél est le sort relativement à l'hypothèque légale de la femme, des

[1] Brav.-Veyr. t. V, p. 564.

[2] En ce sens. Arr. de Grenoble du 21 juin 1858 (S. 59. 2. 249)
M. Demang. s. Bravard-Veyrières, p. 254. — Bedarride, t. III, n°
1033 *bis*.

biens acquis par *prescription* pendant le mariage ? Si on s'attache à la lettre de l'article 563, on décidera que ces biens étant advenus au mari depuis le mariage, et, d'autre part, ne provenant ni de succession, ni de donation entre vifs ou testamentaire, doivent être soustraits à l'hypothèque légale.—Si l'on consulte, au contraire, l'esprit de la loi, on dira que, ces biens ne pouvant être atteints par la présomption légale de l'article 563, puisque très-certainement l'argent des créanciers n'a pas servi à les acquérir, ils doivent rester soumis à la règle générale. Nous ne croyons pas que cette difficulté ait été traitée par les auteurs, ni qu'elle se soit présentée dans la pratique. Aussi, en l'absence de toute décision à cet égard, exprimerons-nous assez librement notre opinion. Il nous semble que cette question n'est pas entrée dans les prévisions du législateur; qu'il n'y a donc pas lieu de tenir compte des termes absolus de notre article et qu'il faut donner à cette question une solution affirmative que l'esprit de la loi justifie suffisamment.

Deuxième question. — Le mari commerçant était, à l'époque de son mariage, copropriétaire de la portion indivise d'un immeuble. L'hypothèque de la femme frappe évidemment cette portion indivise. Pendant le mariage il devient acquéreur sur licitation de la totalité de l'immeuble, puis il tombe en faillite. Devra-t-on dire que l'hypothèque de la femme s'étend à tout l'immeuble ou bien qu'elle est restreinte à la part indivise sur laquelle elle portait originairement? La question a été diversement résolue, même en jurisprudence. Cependant la Cour de cassation et les derniers arrêts rendus sur ce point se sont prononcés en faveur de la femme, se fondant pour cela sur la fiction de l'article 883 qui veut que l'on considère l'immeuble acquis par l'un des cohéritiers sur ses cohéritiers comme lui ayant appartenu tout entier à titre successoral depuis le commencement de l'indivision [1].

Pourtant quelques arrêts et la majorité des auteurs se sont rangés à l'opinion contraire que nous adoptons aussi, voici pour quels motifs : la fiction introduite par l'article 883 est contraire à l'analyse exacte qu'on peut faire du partage. On sait dans quel but le législateur l'a introduite; c'était afin de simplifier les opérations du partage en faisant tomber les hypothèques consenties pendant l'indivision par celui des copropriétaires à qui l'immeuble ne vient pas à échoir. Cette fiction ne doit donc pas être acceptée d'une manière absolue, et lorsqu'on la voit contredite par un texte

[1] Limoges. 14 mai 1853 (S. 53, 2, 565). — Grenoble, 5 août 1857 (S. 58, 2, 633). — Cass., 10 nov. 1869 (S. 70, 1, 5), avec une dissertation de M. Labbé.

formel comme celui de l'article 563, lorsqu'il faudrait pour l'appliquer donner une entorse par trop évidente à l'esprit de la loi, il nous paraît qu'il n'en faut pas tenir compte. Or, c'est là ce qui se produirait ici ; si la loi présume que toutes les acquisitions faites à titre onéreux par le mari ont été payées des deniers de ses créanciers, on ne voit pas pourquoi l'acquisition faite sur licitation de la portion indivise d'un immeuble ne serait pas soumise à la présomption générale. Nous déciderions donc que l'hypothèque légale doit être limitée à la portion indivise pour laquelle elle était fondée à l'origine, et nous rejeterions, comme contraire à l'esprit de la loi, l'application à l'espèce qui nous occupe, de la fiction de l'article 883 [1].

Troisième question. — Si le mari a fait des constructions sur un immeuble qui lui appartenait déjà lors du mariage, ou qui lui est devenu depuis par succession ou par donation, l'hypothèque de la femme s'étendra-t-elle à la plus-value ainsi produite ? — On sait qu'aux termes de l'article 2133 du Code civil, toutes les améliorations qui sont apportées à l'immeuble hypothéqué viennent augmenter le gage du débiteur ; et ici par améliorations, on doit entendre même les constructions nouvelles qui, légalement, ne font qu'un avec le

---

[1] MM. Esnault, n° 600. — Demol., *Successions*, t. V, n° 328. M. Rataud, *à son cours.* — Bourges, 2 fév. 1836. — Paris, 8 avril 1853.

sol sur lequel elles sont élevées, en vertu du principe : *Omne quod solo inædificatur solo cedit.* En cas de faillite, l'article 2133 doit-il continuer à recevoir son application relativement aux améliorations artificielles, aux constructions ? — Si l'on admet cette opinion, on fait encore violence à l'esprit de l'article 563 pour s'attacher aux termes du droit civil; car les constructions élevées sur l'immeuble ont pu, aussi bien que les acquisitions faites pendant le mariage, provenir des deniers des créanciers. Aussi nous croyons que toutes les fois qu'il y aura *construction nouvelle,* c'est-à-dire immeuble nouveau pouvant matériellement être distingué de l'immeuble primitif, cette construction ne devra pas être comprise dans l'hypothèque de la femme; car c'est un immeuble acquis pendant le mariage autrement que par succession, donation ou testament et qui, à ce titre, aux termes formels de l'article 503, doit-être soustrait à l'hypothèque légale. Nous considérons donc que l'article 2133 du Code civil auquel une première dérogation est apportée en faveur des architectes et des ouvriers qui ont créé la plus-value (C. Nap., art. 2103), doit en souffrir une seconde en faveur des créanciers de la faillite dans le cas prévu par notre article 563 [1].

[1] M. Demangeat sur Brav.-Veyr., p. 566 ; Renouard, t. 1, p. 344; Bédarride, t. 3, n° 1304 ; Massé, t. 3, n° 395. — *Contra,* Rouen, 29 décembre 1855; Grenoble, 28 juin 1858 (S. 57, 2, 753. — 59, 2, 429) ; Caen, 21 avril 1866 (S. 68, 2, 270).

Quatrième question. — La restriction imposée à l'hypothèque légale de la femme par l'article 563 relativement aux biens sur lesquels elle porte, demeure-t-elle applicable lorsque l'immeuble acquis pendant le mariage est sorti du patrimoine du mari avant l'époque de la faillite? Voici l'espèce : le mari commerçant a acheté un immeuble; l'hypothèque légale saisit cet immeuble sous la condition résolutoire de la faillite du mari. Celui-ci le vend quelque temps après et bientôt tombe en faillite. On se demande si le tiers acquéreur qui par hypothèse n'a pas purgé, va se trouver soumis à l'action hypothécaire de la femme. — Quelques personnes ont pensé que l'article 563 ne doit s'appliquer qu'aux immeubles existant entre les mains du mari au moment de son désastre ; que la masse ne peut contester les droits de la femme sur des biens qui ont cessé d'être le gage commun des créanciers.

Pour nous, nous admettons sans hésitation l'opinion contraire. Et d'abord les termes de l'article 563 ne comportent aucune distinction. Qu'on relise cet article et l'on verra que par *a contrario* l'on en doit tirer ce principe formel que les immeubles acquis à titre onéreux par le mari depuis le mariage sont soustraits à l'hypothèque légale. De plus, l'intérêt des créanciers subsiste toujours avec la même énergie, car, si l'on admet la femme à exercer son hypothèque, elle viendra absorber des fonds qui sans cela seraient tombés dans la masse. Ce serait donc ouvrir la porte à la fraude que de permettre au mari de tourner l'article 563 en aliénant l'immeuble qu'il a acquis à titre onéreux. Le mari, qui verrait approcher sa faillite, s'empresserait, afin d'assurer les reprises de sa femme, d'aliéner ses immeubles s'il savait pouvoir les soustraire ainsi aux restrictions de la loi des faillites [1].

Au surplus, il faut remarquer que si avant la faillite du mari la femme avait obtenu la séparation de biens, elle aurait pu exercer son hypothèque aussi bien contre le tiers acquéreur que contre son mari lui-même, relativement aux biens acquis par lui à titre onéreux depuis le mariage. L'article 563 est applicable uniquement au cas de faillite [2].

[1] V. en ce sens un arrêt de la C. de Nancy du 27 mai 1865 (S. 66. 2.345). Cet arrêt, dans le recueil de Sirey, est accompagné d'une note de M. Labbé qui, tout en admettant le dispositif de l'arrêt, en critique pourtant les motifs. Il croit que cette doctrine ne doit être admise que si les créanciers chirographaires y ont intérêt ; qu'elle doit-être rejetée, au contraire, si des créanciers hypothécaires devaient venir à la place de la femme absorber le prix de l'immeuble. Nous ne saurions admettre cette distinction qui ; si elle était fondée, devrait être observée alors même que l'immeuble serait resté aux mains du mari, ce qui serait porter une trop grave atteinte au texte de l'article 563. — Massé, p. 381. — Lainné, p. 457.

[2] C. d'Agen ; arrêt du 22 juillet 1859 (S. 60, 2, 860).

§ II. *Créances garanties par l'hypothèque légale*.

Nous avons vu qu'en principe aucune des créances pour lesquelles la femme peut, sous l'empire du droit commun, réclamer le bénéfice de l'hypothèque légale, n'est dépouillée de cet avantage par l'événement de la faillite. Toutefois, il faut remarquer qu'en ce qui concerne les deniers et effets mobiliers qu'elle aura apportés en dot ou qui lui seront advenus depuis le mariage par succession ou par donation, tandis qu'elle pourrait, d'après les règles ordinaires, en établir la consistance et la valeur par des actes sous-seing privé, soit même, dans certains cas, par la preuve testimoniale et la commune renommée, ici elle est tenue d'en prouver directement la délivrance et le paiement par acte ayant date certaine. L'on admet même que la présomption de paiement de la dot *dotale*, posée par l'article 1569, est détruite par l'article 553, et que, même si le mariage a duré dix ans depuis l'échéance des termes pris par le constituant, l'hypothèque légale ne peut s'exercer que si le paiement de la dot est établi par acte ayant date certaine [1]. L'ancien article 551 était plus rigoureux encore, du moins quant aux biens apportés en dot; il n'en autorisait la reprise que si la

[1] C. d'Angers; 23 déc. 1868 (S. 69, 2. 194).

femme en justifiait l'apport au moyen d'actes authentiques ; il ne disait rien de spécial quant à la preuve du paiement et de la délivrance entre les mains du mari ; mais la jurisprudence, interprétant ces mots de l'article « qu'elle justifiera par actes authentiques avoir apportés en dot, » exigeait de la femme une preuve authentique de ce paiement ou de cette délivrance [1].

Le nouvel article 563 est donc tout à la fois moins rigoureux et plus précis que l'article 551 du Code de 1808. En maintenant sur ce point une règle excessive du droit commun, la loi a voulu empêcher que les époux ne simulassent, au moyen de quittances antidatées, des paiements qui n'auraient jamais été effectués.

Quant à l'application que les tribunaux ont faite de ce principe aux diverses espèces qui leur ont été soumises, il ont toujours cherché à en concilier la rigueur avec les égards qui sont dus à la bonne foi des parties et aux usages reçus dans les contrats de mariage. C'est ainsi qu'il a été jugé, lorsque le contrat de mariage portait quittance de la somme, que la femme se constituait en dot, que l'hypothèque était acquise alors même qu'aucune preuve extrinsèque n'établissait la réalité de ce paiement.

C'est ainsi encore qu'un arrêt de la Cour de

[1] Bédarride, t. III, n° 1036.

Cassation a jugé, sous l'empire du Code, que la preuve pouvait résulter de la célébration du mariage. Voici dans quel cas : un contrat de mariage porte que la femme se constitue telle somme en dot. En même temps l'on stipule que l'acte de célébration du mariage vaudra quittance pour la femme du paiement de ladite somme. La production de ces deux actes suffit à établir le droit de la femme et elle doit être colloquée à la date du mariage sur les biens de son mari tombé en faillite[1].

La loi n'a pas parlé d'une preuve spéciale à fournir lorsque la femme se prétend créancière pour le remploi de ses biens aliénés pendant le mariage, ou pour l'indemité des dettes contractées par elle avec son mari. Pour la preuve de ces créances, elle demeure purement et simplement sous l'empire des règles ordinaires.

Quand la femme ne prouve pas par quittance ayant date certaine la délivrance ou le paiement des effets ou deniers dont elle veut exercer la reprise, la femme est-elle destituée de son action hypothécaire ? Non, car nous avons vu au commencement de cette section que la femme créancière chirographaire ne voit pas sa situation changée par l'état de faillite de son mari et reste purement et simplement sous l'empire du droit commun.

Mais ici l'on ne peut s'empêcher d'être frappé

[1] S. 60, 1, 433.

d'une inconséquence qui existe dans le système de la loi. Si le législateur exige de la femme, pour qu'elle puisse exercer son hypothèque légale, la production d'un acte ayant date certaine, c'est évidemment qu'en l'absence de cette preuve, elle considère la créance de la femme comme légalement inexistante. S'il ne s'agissait, dans l'esprit de la loi, que de préserver les autres créanciers hypothécaires contre les antidates frauduleuses qui, en matière d'hypothèques, présentent un tel danger, la loi ne détruirait pas l'hypothèque en l'absence d'un acte authentique, elle se bornerait à la placer au dernier rang. Donc, il est bien vrai de dire qu'en l'absence d'un acte ayant date certaine, la créance de la femme est présumée inexistante; et pourtant cette présomption n'empêche pas la femme exclue du nombre des créanciers hypothécaires de reparaître avec les créanciers de la masse. Ainsi, la femme est réputée créancière vis-à-vis de ceux-ci et non créancière à l'égard de ceux-là. Le législateur a considéré sans doute que les reprises des femmes sont beaucoup plus dangereuses lorsqu'elles sont revêtues d'une hypothèque que lorsqu'elles demeurent à l'état de créance chirographaire. Cela est vrai; mais l'inconséquence n'en reste pas moins, et cette considération ne saurait suffire pour la justifier.

Telles sont les restrictions apportées par la loi

à l'hypothèque légale de la femme en cas de faillite du mari ; nous devons rechercher maintenant, et par là nous compléterons l'étude de notre article 563, quelles circonstances doivent se trouver réunies pour que ces règles spéciales trouvent leur application.

Nous avons vu , en étudiant dans la première section, les limitations imposées par la loi aux revendications de la femme, qu'elles devaient être observées par cela seul que la faillite était déclarée et sans qu'il fût besoin d'autres conditions. Au contraire, pour appliquer les règles relatives à l'hypothèque légale que nous avons étudiées dans ce deuxième chapitre, il faut, en outre, la réunion de certaines conditions déterminées par l'article 563. Nous les retrouverons plus loin en étudiant l'article 564 qui, sur ce point, reproduit purement et simplement notre article 563.

Pour terminer la matière de l'hypothèque légale de la femme, deux questions nous restent à étudier.

1° Nous devons nous demander si cette hypothèque restreinte par l'événement de la faillite, ne peut pas être suppléée avec plus d'étendue par une autre sorte d'hypothèque ; nous voulons parler de l'hypothèque judiciaire. Supposons qu'une femme ayant certaines raisons de craindre un désastre pécuniaire pour son mari, prenne les devants et obtienne contre lui la séparation de biens avant les dix jours qui ont précédé l'époque déterminée par le tribunal comme étant celle de la cessation de paiements; ou bien encore, que dans les mêmes conditions, la femme séparée contractuellement d'avec son mari, ait fait reconnaître judiciairement sa créance contre lui. Il en résulte pour elle sur les biens de son mari une hypothèque judiciaire (2123 C. civ.) qu'elle pourra en principe exercer, si elle l'a fait inscrire utilement, c'est-à-dire, d'après la loi nouvelle, avant le jour du jugement déclaratif de faillite. On peut se demander si cette hypothèque judiciaire lui conservera le droit que ne lui donnerait pas la simple hypothèque légale, d'avoir garantie même sur les immeubles acquis à titre onéreux par le mari durant le mariage.

L'un des auteurs qui s'est occupé le premier de la question, M. Cubain, n'avait pas hésité à la résoudre affirmativement [1].

Mais depuis lors tous les auteurs qui, à notre connaissance, l'ont traitée, ont adopté une solution contraire qu'un arrêt de la Cour de Rouen du 20 mai 1840 [2] est venu encore consacrer. L'hypothèque judiciaire résultant du jugement de sépa-

---

[1] Cubain, *Droits des femmes,* nº 626.

[2] S. 41. 2.566. En ce sens : Lainné, p. 452. — Massé, t. 3, p. 383. — Boileux, nº 914; — Bédarride, p. 118.

ration de biens crée incontestablement à la femme
un droit plein et entier qui lui demeure acquis
jusqu'au moment où s'ouvre la faillite. Mais à ce
moment il nous semble incontestable, en présence
du texte et surtout de l'esprit de la loi, qu'elle doit
subir une infirmation partielle et rétroactive et
être renfermée dans les bornes imposées par la
loi à l'hypothèque légale elle-même. Quel a été,
en effet, le but du législateur? « Il n'a pas voulu,
dit M. Massé, que la femme qui n'aurait pas eu un
droit de préférence sur les deniers de la faillite
pût exercer ce droit sur les immeubles acquis avec
ces deniers; on n'a pas voulu que les biens acquis
par le mari avec le produit de son commerce ou
de son industrie fussent soustraits par la femme à
l'action des créanciers de la faillite. » Or, il est
très-certain que, laisser à l'hypothèque judiciaire
toute sa latitude, ce serait éluder la loi; et que bien
souvent, si l'on admettait ce système, au premier
indice d'un prochain désastre, les époux s'empres-
seraient, au moyen d'une séparation concertée,
d'attribuer à la femme des droits hypothécaires
que le législateur a manifestement cherché à lui
enlever [1].

[1] Nous croyons que l'hypothèque judiciaire doit alors souffrir
les restrictions indiquées par l'article 564 parce qu'elle n'est
qu'une hypothèque légale déguisée. Mais lorsqu'elle n'est pas
invoquée pour garantie de reprises, mais pour sûreté de toutes
autres créances, elle doit-être maintenue dans toute son étendue;

Mais ce que nous disons de l'hypothèque judiciaire ne serait pas vrai s'il s'agissait d'une hypothèque conventionnelle acquise par une femme, du chef d'un tiers, sur un immeuble qui a été ensuite acheté par le mari. C'est ainsi que l'hypothèque consentie par un tiers au profit d'une femme mariée demeurerait parfaitement valable; et cela se comprend facilement. La loi a voulu empêcher que la femme étendît son hypothèque sur des biens qui pouvaient avoir été acquis des deniers des créanciers; or, ici les deniers des créanciers, même en supposant qu'ils ont servi réellement à acquérir l'immeuble, n'ont acquis cet immeuble que déduction faite du droit réel hypothécaire qu'elle avait antérieurement acquis sur cet immeuble. Donc, il n'y a aucune raison quelconque d'infirmer un droit qu'aucune fraude n'est venue entacher [1].

2° La femme qui vote au concordat de son mari failli perd-elle le bénéfice de l'hypothèque légale? On sait qu'aux termes de l'article 508 du Code de commerce, les créanciers hypothécaires qui votent au concordat de leur débiteur failli

c'est ainsi que la Cour de cassation a jugé que l'article 563 ne s'applique pas à la créance de la femme résultant d'une pension alimentaire que son mari a été condamné à lui fournir par un jugement de séparation de corps antérieur à la faillite et pour sûreté de laquelle la femme a pris inscription hypothécaire. Cass. 14 juin 1852 (S. 53, 1, 609).

[1] Cass., 23 août 1837. (S., t. 37, 1, 873.)

sont réputés par là même renoncer renoncer à leurs hypothèques. La même solution doit être évidemment donnée pour la femme, à moins que l'on ne démontre qu'il lui soit défendu de renoncer à son hypothèque légale. Or, cette prohibition n'est faite que pour les reprises à venir ; lorsqu'il s'agit de reprises à exercer présentement la femme peut en principe renoncer à son hypothèque légale. Elle peut même, suivant nous, renoncer par son vote du concordat sans l'autorisation spéciale de son mari. Son concours à l'acte suffit à autoriser la renonciation de sa femme. — Pourtant il est un cas où la femme ne peut, même après la séparation de biens, renoncer à son hypothèque et où, dès lors, son vote ne saurait impliquer une telle renonciation. C'est lorsqu'il s'agit de l'hypothèque garantissant une créance dotale, par exemple la créance pour le remploi de l'immeuble dotal aliéné. Une renonciation tacite ne peut valoir là où l'on n'admettrait pas une renonciation expresse. Cette solution est admise par la jurisprudence [1].

Ainsi, et comme résumé des principes posés par la loi sur l'hypothèque légale de la femme, nous pouvons dire que tous les biens acquis à titre onéreux pendant le mariage ne sont plus, quand arrive la faillite, *des biens à hypothèque*. Un arrêt

[1] M. Demang. sur Brav.-Veyr., p. 375.

de la Cour royale de Nîmes, du 9 juillet 1834, a
fait l'application de cette formule à un cas où elle
est très-nettement posée. La Cour décidait, en effet,
que l'hypothèque consentie par un tiers dans un
contrat de mariage pour sûreté de la dot, sous la
condition qu'elle cesserait du jour où le mari aurait des *biens libres et suffisants* pour répondre de
cette dot, n'est point résolue par les acquisitions
du mari bien que ces acquisitions soient d'une valeur supérieure au montant de la dot. Pourquoi?
parce que les immeubles acquis par le mari commerçant ne sont pas à l'égard de la femme des
biens libres et suffisants pour répondre de la dot.

SECTION III.

Conventions matrimoniales.

Nous avons vu au commencement de ce chapitre que la faillite fait perdre à la femme le droit
d'invoquer les avantages que lui confère son contrat de mariage. Mais nous n'avons fait qu'indiquer
cette restriction à laquelle nous voulions, sous
cette section, consacrer quelques développements.
Cette étude devait, en effet, être rapprochée de
celle de l'hypothèque légale. En effet, la question
des conventions matrimoniales et celle de l'hypothèque légale ont cet aspect commun qu'elles se
présentent toutes deux dans les mêmes circons-

tances. C'est ici le lieu de rechercher quelles sont les conditions indiquées par les articles 563 et 564 pour que cette double catégorie de restrictions reçoive son application.

Aux termes de ces articles, pour que l'hypothèque légale soit réduite ou les avantages matrimoniaux annulés, il faut que la femme ait pu s'attendre au moment de son mariage à courir les risques de la faillite, c'est-à-dire que le mari fût commerçant ou sur le point de l'être. On admet que le mari était sur le point de devenir commerçant, lorsqu'il l'est devenu dans l'année qui a suivi la célébration de son mariage, si d'ailleurs à cette époque il n'exerçait aucune autre profession. Il s'en suit que l'hypothèque légale de la femme et les avantages matrimoniaux subsistent dans leur intégrité : 1° si le mari n'est devenu commerçant que plus d'un an après son mariage ; 2° encore qu'il soit devenu commerçant dans l'année de son mariage, s'il exerçait à l'époque de la célébration de son mariage une profession non commerciale.

Sur ce point, comme sur bien d'autres, la loi nouvelle a sensiblement modifié le système du Code de 1808.

Les anciens articles 549, 551, 552 et 553 qui traitent cette question sont quelque peu ambigus ; néanmoins, voici comment nous entendons l'ensemble de leurs dispositions ; ils assimilaient au mari qui était commerçant à l'époque du mariage, celui qui le devenait dans l'année de la célébration, soit qu'il eût ou non en se mariant une profession déterminée autre que celle du commerçant. La même condition était faite au fils de négociant qui, n'ayant point au moment de son mariage un état déterminé, devenait par la suite commerçant à quelque époque que ce fût.

La seconde de ces règles qui se basait sur une présomption fort téméraire dont la jurisprudence même avait cherché à tempérer la rigueur, a complétement disparu de la loi nouvelle.

Quant à la première, elle est demeurée; mais la loi de 1838 exige qu'à ce fait de l'exercice du commerce entrepris dans l'année, se joigne la circonstance que le mari n'avait pas d'autre profession à l'époque du mariage. Un exemple fera ressortir la portée de cette innovation : une femme épouse un médecin; celui-ci dans l'année quitte sa profession et devient commerçant. D'après la loi ancienne, il était assimilé pleinement à celui qui était négociant à l'époque de son mariage. Aux termes de la loi nouvelle, au contraire, les dispositions restrictives des articles 563 et 564 ne seront pas applicables à sa femme, s'il vient à faire faillite, et en conséquence elle conservera, dans leur intégrité, et son hypothèque légale et les avantages matrimoniaux qui lui étaient faits par son contrat de mariage.

Lorsqu'on ne sé trouve pas exactement dans l'hypothèse prévue par nos articles 563 et 564, la présomption sur laquelle ils se fondent doit être absolument repoussée. C'est ainsi qu'on ne devrait pas dire si, par exemple, le mari est devenu commerçant plus d'un an après le mariage, que les immeubles par lui acquis à titre onéreux depuis cette époque sont soustraits à l'hypothèque légale. En effet, les dispositions des articles 563 et 564 sont des dispositions exceptionnelles et, par conséquent, elles ne doivent pas être étendues à des cas que la loi n'a pas spécialement prévus [1].

Mais, en sens inverse, il faudrait décider que l'exercice d'une profession déterminée de la part du mari à l'époque de la célébration du mariage, ne ferait pas obstacle à l'application de ces mêmes dispositions, s'il était établi que, dès cette époque et indépendamment de l'exercice de cette profession, le mari se livrait habituellement à des actes de commerce qui faisaient de lui un véritable commerçant. C'est ce qui avait été décidé sous l'empire du Code par un arrêt de cassation du 5 Juillet 1837 [2], et c'est là aussi l'opinion qui devrait être admise sous l'empire de la législation nouvelle.

[1] M. Demang. sur Bravard-Veyrières, p. 569.
[2] Mémorial du Commerce, 1re année, 2e part., p. 262.

Ainsi on doit, pour juger la question de savoir si le mari était ou non commerçant à l'époque de son mariage, s'attacher aux faits plutôt qu'aux apparences. C'est ainsi que la Cour de Besançon a jugé que la qualification de commerçant prise par un mari dans son contrat de mariage ne peut enlever à la femme, en cas de faillite de celui-ci, le bénéfice de son hypothèque légale, si le mari n'était pas réellement commerçant à cette époque [1]. C'est à la règle posée dans l'article 1er du C. Civ. et aux arrêts de jurisprudence qui expliquent cet article qu'il faut se reporter pour apprécier la question.

Les dispositions des articles 563 et 564 ont donc ceci de commun qu'elles se présentent dans des conditions identiques. Mais, sous un autre rapport, ces deux genres de restrictions doivent être soigneusement distingués. La femme dont le mari est tombé en faillite voit restreindre dans certaines limites l'hypothèque légale affectée à la garantie de ses créances. Mais ces créances elles-mêmes ne sont point éteintes et si elle ne peut plus invoquer, pour en obtenir paiement, le bénéfice des mêmes sûretés, du moins peut-elle, sans restriction aucune, en faire état lorsqu'elle se présente en qualité de créancière chirographaire. Au contraire, la femme qui se trouve dans les conditions énoncées par l'article 564,

[1] Arrêt du 13 fév. 1836.

non-seulement perd la garantie de l'hypothèque
légale pour les avantages que lui donnait le
contrat de mariage, mais encore, voit tomber
d'une manière absolue ces conventions elles-
- mêmes.

L'article 564 est ainsi conçu :

« La femme dont le mari était commerçant
à l'époque de la célébration du mariage, ou dont
le mari, n'ayant pas alors d'autre profession déterminée, sera devenu commerçant dans l'année qui
suivra cette célébration, ne pourra exercer dans
la faillite aucune action à raison des avantages
portés au contrat de mariage, et, dans ce cas,
les créanciers ne pourront, de leur côté, se prévaloir des avantages faits par la femme au mari
dans ce même contrat. »

Cet article est d'une assez grande simplicité. Il
dispose qu'en cas de faillite, si par ailleurs les conditions que nous venons d'étudier se trouvent
réunies : 1° la femme perd le droit de réclamer
contre les créanciers les avantages que lui conférait son contrat de mariage ; 2° par voie de
réciprocité, ceux qui avaient été conférés au mari
par la femme, sont frappés de nullité à l'encontre
de la masse, c'est-à-dire qu'ils ne peuvent plus
être invoqués contre la femme par les créanciers
du mari.

On peut cependant rattacher deux questions à cet article 564.

I. Nous nous demanderons d'abord quel est le sort des libéralités consenties à la femme pendant le mariage. La loi n'en a pas parlé; mais pour nous, il est bien évident que, si pour éviter des dangers de fraude, le législateur n'a pas hésité à porter atteinte au principe de l'immutabilité des contrats de mariage, il n'a évidemment pu vouloir que des actes essentiellement révocables fussent maintenus tandis que les premiers étaient révoqués. Aussi nous n'hésitons pas à dire qu'*a fortiori* ce qui est dit par l'article 564 des libéralités faites avant le mariage, doit s'entendre des donations intervenues entre époux pendant le mariage[1].

II. L'un des auteurs qui le premier a commenté la loi de 1838[2], insiste sur l'importance à donner dans l'interprétation de l'article 563, à ces mots : « la femme ne pourra exercer aucune *action*. » Il pense que le législateur en refusant à la femme toute *action* à raison des avantages portés au contrat de mariage, excepte des avantages matrimoniaux, dont il prononce l'annulation, ceux qui ne seraient plus exigibles, mais qui seraient déjà perçus et pour lesquels il n'est plus besoin d'exercer une action. C'est ainsi, dit-il, qu'elle ne

[1] Bédarride, n° 1044. *Contra* Massé, n° 393.
Lainné, p. 463.

pourra prendre un douaire ou un préciput, mais qu'elle pourra conserver l'émolument d'une donation entre vifs dont elle aura précédemment obtenu la délivrance. — M. Massé [1] a réfuté cette opinion en montrant que toutes les reprises quelles qu'elles soient s'exercent au moyen d'action et qu'en conséquence la distinction proposée par M. Lainné n'est pas admissible. Du reste, l'esprit de la loi la repousse aussi bien que ses termes.

Nous pensons donc avoir le droit de dire que l'article 563 annule sans distinction tous les avantages faits à la femme, d'abord, tous ceux qui résultent du contrat de mariage sans distinction et, en second lieu, les avantages mêmes qui résultent des donations faites entre époux pendant le mariage.

Tels sont les principes très-simples posés par notre article 564; mais si la portée de cet article est très-facile à saisir, il n'est pas aussi aisé de se prononcer sur le mérite des dispositions qu'il contient. On ne peut en effet se dissimuler la rigueur de ces dispositions. Elles frappent le commerçant d'une incapacité qui rétroagit au jour de son mariage et enlève au mari la faculté de donner et à la femme celle de recevoir. Aussi le Tribunat avait-il repoussé la disposition analogue qui se trouvait dans l'ancien Code de commerce : « Ces

[1] N° 392.

— 182 —

» dispositions, disait l'orateur du Tribunal, ten-
» dent pour ainsi dire à mettre en interdit toutes
» les classes de commerçants en les privant de la
» faculté qu'ont les autres citoyens de faire par
» contrat de mariage des avantages à leurs épou-
» ses; et elles privent celles-ci de la possibilité de
» recevoir ces avantages d'une manière assurée.
» Cependant, lorsqu'un commerçant n'est pas en
» état de faillite, rien ne doit s'opposer à ce que,
» pour contracter un mariage qui lui convient, il
» dispose de ce qui lui appartient en faveur de
» sa future épouse, et une fois qu'une femme
» s'est mariée avec un commerçant, à certaines
» conditions avantageuses insérées dans son con-
» trat de mariage, elle a sur les biens de son mari
» un droit acquis dont on ne peut la priver sans
» injustice. » Toutefois cette disposition fut conser-
vée sur cette observation faite par M. Treilhard,
que « la réclamation par la femme de ses avan-
» tages matrimoniaux était un des grands moyens
» de préparer la ruine des créanciers voyant avec
» désespoir une femme, que tout le monde avait
» connue sans fortune, jouir tranquillement des
» biens immenses dont ils étaient dépouillés. »
Indépendamment de ces dangers de fraude
qui existent très-certainement, il est, en effet,
extrêmement choquant, lorsqu'éclate une faillite,
de voir des donations validées au profit de la fem-

me, tandis que les droits des créanciers se trouvent gravement compromis. Ces donations, si elles étaient admises, paraîtraient d'autant plus odieuses que les droits qu'elles confèrent, bien qu'irrévocablement fixés d'avance, n'obtiendraient néanmoins leur effet qu'au moment même où s'ouvre la faillite, par l'exercice des actions en reprise ; de telle sorte qu'elles sembleraient diréctement en opposition avec cette maxime : *Nemo liberalis, nisi liberatus.*

Telles sont les raisons qui ont guidé le législateur : d'une part, crainte d'une fraude concertée entre les époux, puis effet scandaleux de donations délivrées à la femme du failli au temps même de la faillite.

Cependant ces raisons toutes fortes qu'elles sont suffisent-elles pour faire annuler ainsi rétroactivement des droits légitimement acquis? Ceci est discutable. Pourtant il nous semble, ainsi que nous l'indiquions tout à l'heure, qu'il est difficile de mettre sur la même ligne, quant à l'acquisition définitive du droit, les donations faites aux étrangers et celles qui ont été conférées à la femme, même par contrat de mariage. De plus il est certain que le législateur qui a posé le principe de l'irrévocabilité des donations et des contrats de mariage, peut très-bien, en faveur d'un intérêt social considérable, apporter à ce principe certaines dérogations.

Quant à la crainte manifestée par le Tribunat de frapper de discrédit quant au mariage la classe des commerçants en général, il ne semble pas que cette crainte se soit jusqu'à présent réalisée. La mobilité de leur position et la possibilité d'une faillite peuvent rendre plus difficile leur établissement par mariage ; mais nous ne croyons pas que la crainte de perdre en cas de faillite de leurs maris les avantages que leur confère le contrat de mariage, entre pour beaucoup dans les préoccupations des femmes lorsqu'elles contractent mariage avec un commerçant.

A un autre point de vue encore nous ne saurions blâmer les dispositions de notre article 564. Nous croyons que pour la sécurité du commerce il y a tout avantage à associer, dans une certaine mesure, l'intérêt de la femme à celui du mari. La femme exerçant très-souvent sur la direction des affaires de ce dernier une influence considérable, il est juste qu'elle ait, dans une certaine mesure, sa part des responsabilités de la faillite. De son côté, le mari conduira son commerce avec beaucoup plus de soin et de prudence lorsqu'il saura que sa ruine priverait sa femme de tous les avantages qu'il avait voulu lui assurer.

Nous avons terminé l'étude des dispositions édictées par la loi relativement aux droits des femmes dans les faillites de leurs maris. Il nous reste à examiner très-brièvement quelle influence viennent exercer sur la situation juridique de la femme les différents événements qui peuvent se produire postérieurement à la déclaration de faillite.

On sait que les dérogations apportées en cette matière au droit commun ont été édictées en vue de protéger les créanciers de la faillite, et nullement pour servir l'intérêt du mari ou de ses autres ayant-cause. Il suit de là qu'elles doivent être observées tant que l'intérêt des créanciers exige qu'elles le soient; qu'au contraire le droit commun doit reprendre son empire lorsque l'intérêt de ces mêmes créanciers a cessé d'en exiger l'application. Les conséquences de ce principe se déduisent facilement.

Supposons qu'un concordat intervienne et remette le mari à la tête de ses affaires; ses créanciers lui ont accordé par exemple 50 $^{o}/_{o}$ de remise, c'est-à-dire qu'ils consentent à s'interdire toute réclamation contre lui pourvu qu'il s'acquitte envers eux de la moitié de sa dette. Tant que le mari n'a pas intégralement payé le dividende et que les créanciers n'ont pas été complétement désintéressés, la femme ne peut bénéficier des règles du droit commun; les créanciers peuvent toujours, s'ils ne sont pas intégralement payés, venir reprendre à la femme l'émolument des donations qui lui aurait été versé, arrêter son action hypothécaire sur les immeubles acquis à titre onéreux par le mari depuis le mariage, obliger la femme pour l'exercice de ses reprises en nature à fournir les preuves indiquées par les articles 558 et suivants du Code de commerce... L'intérêt des créanciers de la faillite à maintenir l'application de ces règles demeure manifestement le même tant qu'ils n'ont pas été intégralement payés des sommes pour lesquelles ils se sont conservé une action contre le mari concordataire. Cette solution est admise sans difficulté par la jurisprudence et par la doctrine [1].

Mais dès que tous les créanciers sont désintéressés, les uns par le paiement de leurs créances hypothécaires, les autres par le paiement des dividendes déterminés par le concordat, le droit commun reprend son empire parce que la femme ne trouve plus devant elle l'intérêt des créanciers que seul la loi a voulu protéger. Dès ce moment donc et sans attendre que le mari ait obtenu la réhabilitation [2] les règles d'exception disparaissent et la femme rentrant dans l'intégrité de ses droits peut exercer, sans restriction aucune, les droits que le jugement de séparation de biens lui accorde sous l'empire du droit commun [3].

[1] MM. Massé, n° 400; Renouard, t. II, p. 382; Lainné, p. 435; Cubain, n° 629. — Nîmes, 4 mars 1828. (S. 29, 2, 47.)

[2] *Contra*, Bédarride.

[3] En ce sens, Renouard, t. II, p. 282; Lainné, p. 455; Cubain, n° 629; Massé, n° 399.

POSITIONS

DROIT ROMAIN.

I. La *filiafamilias* était aussi capable de s'obliger que le *filiusfamilias* lui-même.

II. La femme, au moins à l'époque des jurisconsultes classiques, ne pouvait renoncer au bénéfice du S.-C. Velléien.

III. L'action restitutoire accordée au créancier contre le débiteur primitif était une action *ficice rescisoire*. On ne peut, à proprement parler, dire que ce fût une *restitutio in integrum*.

IV. La translation de propriété faite par la femme en exécution d'une *intercessio* prohibée était nulle comme paiement, mais non comme translation de propriété. — La loi 26, § 3, *h. t.* Dig. ne fait pas obstacle à l'acceptation de cette doctrine.

V. L'accomplissement de la formalité de l'acte public organisée par Justinien avait pour effet de rendre valable, dans tous les cas, l'*intercessio* de la femme à l'égard des tiers.

VI. L'authentique *si quæ mulier* s'applique même aux *intercessiones* faites *animo donandi* par la femme en faveur de son mari.

VII. Entendue dans un sens absolu, la règle posée par Justinien que le légataire ne peut poursuivre hypothécairement l'un des héritiers que pour sa part personnelle « *quantum personalis actio adversus eum competit* » (C. 4, 43, L. 1, *in fine*), est fausse et contraire à ce principe qu'en droit romain le partage est translatif de propriété, — de même qu'en sens inverse la disposition de l'article 1017 de notre Code est fausse et contraire au principe de droit français que le partage est déclaratif de propriété.

DROIT FRANÇAIS.

DROIT COMMERCIAL.

I. La déclaration de faillite par le tribunal de commerce est le préliminaire indispensable de l'application aux droits de la femme des restrictions posées par la loi commerciale.

II. La séparation de biens doit être prononcée même en cas de faillite.

III. Des créanciers chirographaires antérieurs à la loi de 1838 ne pourraient dans une faillite s'ouvrant actuellement invoquer contre la femme les rigueurs de l'ancienne législation.

IV. La présomption posée par l'article 559 du Code de commerce peut être combattue par d'autres moyens que par la production d'un acte authentique.

V. La femme qui ne prétend pour l'exercice de ses reprises qu'à une simple créance chirographaire n'a point à fournir d'autres preuves que celles du droit commun.

VI. La femme qui, faute d'un acte authentique, a échoué dans la reprise en nature de ses meubles propres, ne peut en réclamer la valeur par voie d'action personnelle.

VII. L'hypothèque légale de la femme réduite en vertu de l'article 563 du Code de commerce, ne s'étend ni aux constructions faites sur l'immeuble du mari, ni à la portion indivise acquise par lui depuis le mariage.

VIII. Malgré le concordat, les restrictions posées aux droits de la femme subsistent dans l'intérêt des créanciers.

IX. La femme dotale qui vote au concordat de son mari failli n'est pas déchue du droit d'invoquer son hypothèque légale.

DROIT CIVIL.

I. Celui qui donne un immeuble à la femme commune ne peut valablement stipuler que les revenus de cet immeuble au lieu de tomber en communauté demeureront à la disposition de cette dernière.

II. Il y a des propres mobiliers *parfaits* dans toute la force du terme. Sous ce rapport ils doivent être absolument assimilés aux immeubles dont ils peuvent faire fonction, notamment dans le remploi et l'échange.

III. L'énumération que fait l'article 2135 des créances garanties par l'hypothèque légale de la femme n'est point limitative; elle doit être considérée plutôt comme une énumération d'exemples propres à guider le jurisconsulte dans la solution des espèces non prévues par la loi.

IV. Les produits de l'industrie de la femme dotale n'appartiennent point au mari à moins que le contraire n'ait été stipulé au contrat de mariage.

V. Le remploi fait par le mari au nom de la femme doit être considéré comme une offre de subrogation pouvant être retirée jusqu'à l'acceptation de la femme.

VI. Si l'un des donataires soumis à la réduction a dissipé les biens qui lui ont été donnés et est devenu insolvable, la perte en est supportée à la fois par l'héritier et par le donataire antérieur.

VII. Dans le paiement avec subrogation il y a réellement transport de la créance et non pas seulement transport des accessoires de la créance.

CODE DE PROCÉDURE.

I. Une saisie arrêt ne peut être faite en vertu d'un jugement frappé d'appel.

II. Les juges ne peuvent accorder de délais lorsque les poursuites sont faites en vertu d'un titre exécutoire.

DROIT PÉNAL.

I. Le complice du délit prévu par l'article 336 du Code pénal peut être poursuivi même lorsque la femme vient à mourir au cours de l'instance.

II. La déclaration de faillite est le préliminaire indispensable de la poursuite en banqueroute.

DROIT ADMINISTRATIF.

Les Fabriques peuvent directement toucher le montant des souscriptions faites pour la construction de l'église paroissiale.

Vu, *le* 2 *mars* 1872.

Signé : E. WORMS.

Vu pour l'impression :

Le Doyen,

Signé : ED. BODIN.

Vu par le Recteur,

Signé : MALAGUTTI.

Nantes. — Imp. Vincent Forest et Émile Grimaud, place du Commerce, 4.